CHIKUMA SHINSHO

さみしい男

諸富祥彦
Morotomi Yoshihiko

ちくま新書
356

ちくま新書

さみしい男

諸富祥彦
Morotomi Yoshihiko

356

さみしい男【目次】

はじめに――あなたのまわりの〝さみしい男〟 007
元気のない若い男たち／プライド高く、傷つきやすい男たち／「ターゲットなき社会」で男は活力を失う／中年男のむなしさ

第1章 さみしい男たち 017
ある男のつぶやき／「役割」や「肩書」からの解放を求めて／ピクミン「愛のうた」とサラリーマンの悲哀／職場にも、家庭にも、居場所がない／攻める女、守る男／「居場所」と「自尊心の充足」を求めて「外」の女性へ／おやじのつぶやき

第2章 働きたくない男 041
ぼくの希望進路は「家事手伝い」／就職活動に投げやりな男子学生／「働かない」がブーム？／「働くことの意味」が実感できない／「働かない」という生き方――〝だめ連〟の生き方／フリ

ーター／ホームレス／「労働至上主義」からの解放／「ここまでやらなきゃ、男じゃない？」／日本人を苦しめる四つの暗黙のイデオロギー

第3章 「働かないシンドローム」の積極的な意味 075

働かなくてよくても、働きますか？／「自分に正直に生きる」という価値観／多重アイデンティティ／「定常型社会」での新たな生き方／「働かないシンドローム」が持つ積極的な意味／孤独である勇気／刺激とスピードに依存した社会／まず社会から降り、どう生きるか構想せよ／〝速さ〟〝多さ〟から〝深さ〟の次元へ

第4章 家庭に〝居場所〟がない男 097

家族の中で一番、大切な人は？／大切にしてほしいのに、してもらえない／帰宅拒否症候群／三〇代、四〇代はロバの時代／ブレイク・ワイフ／妻も夫も〝報われなさ〟を抱えて／「私だけ、しあわせになっては申し訳ない」と思う娘たち／家庭を顧みない父親／不登校、シャイマン・シンドロームと母子関係／「夫婦で子育て」が、母親の育児ストレスを軽減する

第5章　コミュニケーションできない男　119
「夫が死んだら、どうするか」／妻の心が夫から離れるにつれ、夫は妻に依存する／夫在宅ストレス症候群／男性のコミュニケーション能力の低さ／冷淡な夫と依存的な夫／男と女のグループワーク／男は〝プライドの生き物〟／夫婦間のほんとうのコミュニケーションとは／別離も一つの選択肢である／夫婦間のエロス的関係の困難／〝衛星関係〟という試み／結婚は必要か／新しい結婚と家族のかたち／男の自立の必要性

第6章　恋愛しない男　155
日本の男は見限った／疲れている男は、魅力がない／くどけない男は、もてない／本気で惚れたら、迷わず、口説け！／もてる男の条件／やさしいだけの男は、もてない／傷つくのを恐れるがゆえの、短期的恋愛／「恋愛教」からの脱却／恋する人は「至上の可能性」を見る／恋は、ほんとうに大切なことを思い起こさせてくれる／不倫こそ、純粋な愛？／めんどうだから不倫もできない／不倫で、生まれ変わる男たち／現実を生きつつ、魂を生きる

第7章　セックスしない男　191
セックスしない男、強引にしたがる男／性の世論調査に見る男のさみしさ／セックスレスとコミュニケーション不全／三〇代後半以降に急増する「人工妊娠中絶」／「セックスしなくてもいい」カップル／自己評価不安からの、セックス回避／男は、女に受け入れられてはじめて自分を受け入れる／セックスなしでは、つながれない関係／男がセックスにこだわる理由／ふれなくても、ふれている関係

おわりに　213
日本の男はマゾか？　〝怒り〟と〝闘争心〟を取り戻せ！／求められる「強い男」／会社を捨てよ！　家族を捨てよ！／「危機」を「転機」に変えよ

本文イラスト……眞下弘孝

はじめに――あなたのまわりの〝さみしい男〟

「男に元気がない」「いい人は増えたけど、いい男はいなくなった」などと言われてだいぶ経ちます。最近はそれを通り越して「男の人を見ていると何だか気の毒になるのよね」と女性からため息をつかれる始末。この不況の中、闘い続ける男たちにもそれに反論する気力は残されておらず、「女は、やっぱり癒し系」とこぼすのが精一杯です。心理カウンセラーであり大学教員である私も、最近、「男というのはつくづくさみしい生き物だ」と感じることが少なくありません。

あなたが男であれば、自分やまわりの男たちを、あなたが女であれば、あなたのまわりの男たちを思い浮かべていただくことから始めましょう。次のようなことに、思い当たりはしないでしょうか。

・働く意欲が落ちている。いつも疲れていて、会社に行くのが少しつらそうだし、イキイキしているとは、とても言えない。

・働かなくてすむのなら、働きたくない、と思っている。若い男なら、就職をしようとする意欲が感じられない。
・家の中に居場所がない。コミュニケーションをどこか、諦めている節がある。改善しようとする意欲すら感じない。
・セックスとか恋愛に、どこか投げやりな姿勢が感じられる。口説いてこないし、めんどうくさそうで、異性に関する興味そのものが、少し低下しているようだ。
・からだ全体から発せられるオーラが感じられない。男特有（であったはずの）、ギラギラした感じがまったくない。
・「職場や家庭で、もっと大切にしてほしいけれど、してもらえない」という言外の切なさが、からだ中から漂ってくる。

いかがでしょう。少し当てはまる、いや、かなり当てはまると思われた方も少なくないのではないでしょうか。この本で私は、そんな男のさみしさ、つらさ、むなしさの問題を、カウンセリングなどで出会ったさまざまな男たちのケースをもとに考えていきます。

この本は、男たちに、今の自分を見つめ、そしてできれば、新たな生き方を見つけるきっかけをつかんでもらうための本です。そして、女たちには、男たちをただ攻撃したり文句を言って責めたてたりするのでなく、どうやって建設的にかかわっていくか、その方途を見いだしてもらうための本です。

†元気のない若い男たち

では、私が、「男はさみしい生き物だ」と感じるのは、どのような場面でしょうか。最初に、現状をざっと確認しておきたいと思います。

まず、若い男たち。これが、ほんとうに元気がない。

私のまわりの学生に限っても、研究室に一人で質問に来たり、「先生と話がしたい」と言ってくるのは決まって女子学生。男子学生はそもそも勉強しないから研究室に来ないし、来ても一人では来ない。三、四人でやって来て、缶コーヒーをちびちび飲みながら「疲れた〜」とのたまう。そうやって私のエネルギーを奪っていくのです。所属する研究室を決めるための大切な話し合いにも、一人では来られません。

「友だちといっしょにいられる研究室」を探す学生もいます。少し前に、二人の男子学生がたずねてきたときのこと。卒論で一人は学校でのいじめについて、もう一人は微積分をやりたい、と言うのです。「私の研究室は、カウンセリングの研究室だから、いじめの君はいいけど、微積分の君は無理だ」というと、二人は顔を見合わせて、「じゃあ、ぼくたち、いっしょに研究室に入れないんですか？」とたずねます。「当たり前でしょう」と私。すると彼らは「ぼくたち、いっしょに入れる研究室を探しまーす」とのたまい、去っていったのです。

ゼミでの発言も女子のほうが元気がいいし、成績も女子のほうが上です。就職活動も女子学生のほうがはるかに熱心。男子学生には、最初からフリーター志望や「しばらく働く気はありませ〜ん」と呑気に言う者が少なくありません。今や、「家事手伝い」志望の男子学生が少なからずいるのです。ましてや、野望に燃えギラギラした若い男など、今時、めったに出会えるものではありません。

中学生、高校生も同様。ある高校で生徒のイキイキ度を調べたところ、成績より男女差との関連が大きいことがわかりました。「自分の未来は絶望的」「自分なんて何をやっても無駄」と考えるのは、女子（約三割）よりも男子（約四割）に多いのです。

もちろん中には、自分をしっかり持って、自然体で、他人にもやさしい。そんな、これまでいなかったような、素敵な輝きを放つ若い男たちもいるにはいるのですが。

†プライド高く、傷つきやすい男たち

こころの問題に目を向けても、男性のほうがはるかに傷つきやすいことがわかります。

たとえば、不登校やひきこもりは圧倒的に男子が多い。男の子は、子どものころから精神的に脆く、プライドばかり高くてちょっとしたことで傷つきやすいのです。

最近、こころの病や心身症の男女差がなくなってきた、たとえば高校でも男子高校生の女性化が目立つようになった、と言われます。かつては女性に多く見られたリストカットなどの自傷行為や拒食・過食などの摂食障害が、若い男性にも見られるようになってきたのです。

たとえば摂食障害などで苦しむ子どもたちについて言えば、女の子よりも男の子のほうがはるかに深刻になりやすいし、回復も遅い。というのは、同じ摂食障害であっても、女の子であれば少し頑張ってショッピングにでも行けば周囲から褒められ、これが動機づけとなって回復に向かっていくことがあるのに対し、男の子はどうしても周囲から期待されるハードル（また、周囲を意識して自分自身に課すハードル）が高いために、なかなか回復に向かえないようです。「男は社会に出てはじめて一人前」という意識が、本人にも周囲にもあることが、おのずとハードルを高くし、場合によっては、自宅にひきこもるしかなくなるようなケースが多いのです。これも、男のプライドのなせる業でしょうか。

最近「子どもを産むなら女の子」と考える夫婦が増えていますが、これも、「男の子はプライドばかり高くて、傷つきやすく、育てにくそう」ということと関係あるのかもしれません。実際、スクールカウンセラーである私のもとに、自分から援助を求めてくるのは圧倒的に女子が多い（約七、八割）。女子中学生は問題解決のためにいろいろ試みることができますが、男子中学生は問題が悪化するまで、ただ立ち尽くすのみです。

これにはもちろん、「男たるもの、〜であるべし」という幼少期からの刷り込みの積み重ねによるところが大きいようです。ゼミで大学生たちに聞いても、「男の子だから、人前で泣いてはいけない」と我慢した経験のある男子学生は少なくありません。そのせいでしょうか。私が千葉大学に就職して現在に至るまでの九年間、私のゼミで「女らしさ」について卒論を書いた女子学生は皆無であるのに対し、「男らしさ」を卒論テーマに選ぶ男子学生は毎年のようにいるのです。女性が強くなったこの時代に、若い男たちがいかに「男らしさ」を保つのに苦しんでいるか、よくわかります。そして、「男らしさ」をテーマに選ぶのは、なぜか、眉のキリリとした、どちらかと言えば男前の学生が多いのです（泣きたくても泣けずに苦労してきたんだろうなあ）。

私のかかわっているある男子学生など、親の経営する会社が倒産し、生活保護を受けざるをえなくなって、その申請をするために担当窓口まで行ったのに、つい強がって、ありもしない貯金があると言ったため、受給できなくなってしまった、といいます。

ああ、プライド高き男の、何と悲しい性であることか。

このことからもわかるように、男は何かにつけて弱音を吐いたり、他者に助けを求めたりするのが、苦手。「できるだけ自力で」と突っ張ってしまいがちで、これが自滅につながりかねません。

†「ターゲットなき社会」で男は活力を失う

なぜ、こうなるのでしょうか。

明確な目標を持ち急速な成長を続ける〃攻め〃の社会では攻撃性が存分に発揮されうるから男たちが元気になる。けれど今の日本のように、既に一定の成長を遂げ、停滞しきった〃守り〃の社会では、男たちは覇気を失っていく。つまり、ターゲットなき社会では、男たちは去勢されざるをえない、というのが、私の考えです。

第3章で述べるように、私は、この〃守り〃の社会そのものが悪いとは考えていません。こうした〃守り〃の社会は、経済成長を目標としない〃定常型社会〃(広井良典)で、男たちはそこで新しい生き方へのシフトを求められているのですが、現時点では、大半の男たちはこの社会の大きな変化に対応して生き方を変えることができず、相変わらず高度成長時代の生き方をひきずっています。その結果、適応異常を来している、と私は思うのです。ましてや、やれ不況だ、リストラだという昨今の御時世では、元気が出ないのも無理はありません。そしてその煽りをもろに受けているのは、無論、中年男性たちです。

†中年男のむなしさ

中年男たちの元気のなさ。これはもう、言うまでもありません。一見、「仕事は仕事」と割り切っているかのように見えます。しかし、内心は忸怩たる思いを抱えている。上司には怒鳴られ、生意気な部下は言うことを聞いてくれません。会社一筋で働いてきても、納得いかないリストラにあい、首をきられます。派閥争いでぶつかり、課長から係長に降格させられることもある。たとえ自分のせいではなくても、部下が重大なミスを犯せばその責任をとらされて、企業生活を絶たれてしまうのです。

疲れ果てて家に帰っても、そこに安らぎはありません。妻にも子どもにも気を遣い、「いい夫」「いい父親」を演じるけれど、ますます相手の要求水準は高まるばかり。妻には絶えず文句を言われ、思春期に入った娘からは「お父さんキタナイ」と遠ざけられる始末。

ある男性はこうつぶやきます。

「残業手当てがカットされて、小遣いが減ったばかりか、晩御飯のおかずも一品、カットされてしまいました。前は『ビール』と言ったらでてきたのに、もう、それも出てこなくなってしまいました……」

男というのは、社会の中では「部下」であり「上司」であり「同僚」でもあります。家族の中では「夫」であり「父親」であり「息子」でもあるのです。こうした、さまざまな「役割」をそれなりに一生懸命演じようとはしている。けれど、職場でも家庭でも、大切にしてもらえない。評価してもらえないし、自尊心を満たしてもらえない……。

これがどうやら、今の日本を生きる男たちの現状のようです。

「役割」を演じ続けるのに疲れ果て、「仕事のため」「家族のため」と働き続けるのにむなしさを感じている。そもそも人から期待されることばかりやってきたから、「自分」が生きている、という実感がない。では、どうしたら「自分のため」に生きることができるのか？　これまでそんなことは考えてもみなかったから、見当が付かない。そもそも、「自分が何をしたいのか」さえわからない。そうした男たちが少なくないのです。

そしてそんな時、ふと出会った女性にひかれて恋に落ちる。不倫に走る。けれどここでも、女たちはなかなか手ごわい。多くの男たちは自己主張が強くなった女たちの気持ちを受け止めることができずに振り回され、下手すれば「それ、セクハラ！」と指摘される始末。その前に「妻に嘘をつきながら不倫をするエネルギーなんて残っていない。疲れているから恋なんて面倒くさいことには関心がない」という中年男が多数派なのです。

つまり、仕事でも家庭でも、男女の関係においてもいい目にあわず、大切にされず、

「居場所」を失い、プライドを傷つけられてエネルギーを低下させていっているのです。

こうして〝社会とのつながり〟も〝家族とのつながり〟も〝女とのつながり〟も――そして根本的には〝自分自身とのつながり〟も――希薄になってしまった、宙ぶらりんの日本の男たち。〝つながり〟なきところに残されるのは、寂寞とした空虚感のみです。

かく言う私だって、実はさみしい！

では男たちはこれからどこに向かうべきか。それを示したのが本書です。

〝社会の中の男〟〝家族の中の男〟〝女との関係の中の男〟という三つの角度から、男たちの現状分析をおこないました。というのも、現代の男のさみしさの根っこには、この三つの関係性の中で自分の身の置き所を定め損なっていることがある、と思われるからです。と同時に、これからの男たちの生きる指針を私なりに示しました。

かなり断定的にものを語った部分もあります。一人の男としての本音を語ったつもりです。不快な箇所があれば、どうぞお許しください。

第1章　さみしい男たち

†ある男のつぶやき

私の友人に、東京の、とあるカウンセリンググルームで働いている、三〇代前半の女性の心理カウンセラーがいます。彼女は、いわゆる癒し系の美人。理知的なのだけれど理屈っぽくなく、やさしく温かいのだけれど支配的ではない。適当な〝こころの距離〟をとってかかわってくれて、しかもわかってほしいところは、しっかりわかってくれる。カウンセラーである私が言うのも変ですが、「さすがカウンセラー」と言いたくなる、いい感じの女性。いっしょにいるとどこかホッとする雰囲気があり、私なども、他の人には話さない愚痴を、彼女にだけはつい話してしまうことがあります。そのせいでしょうか。彼女のところには、ストレスをためた企業の男性管理職の方からの相談が少なくないようです。

先日も、常連になりつつある四〇代後半の大手企業の課長さんがカウンセリンググルームを訪れ、こう切り出したといいます。「すみません。一時間、私といっしょにいて、話を

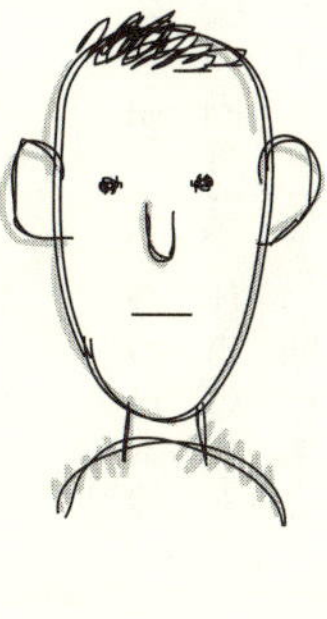

してもらえませんか」

男性カウンセラーである私のもとには、こんなふうに相談を切り出す方はまず来ないので、最初は「何だそりゃ、カウンセラーはスナックのママじゃないぞ」と思いもしましたが、何だかわかる気もしないではありません。こんな飛びきりの女性に心のひだの隅々まで受け止めてもらえるとしたら、良質の〝癒しの空間〟であること間違いなしです。

まずは、この男性の話を紹介しましょう。

この男性は、上司とのトラブルとか、息子の家庭内暴力とか、そんな深刻な悩みを抱えていたわけではありません。激しい競争を強いられる多忙な毎日に、身も心も、ただただ疲れ果ててしまっていたのです。そんな時、この、どこか繊細で、深みのある温かさを醸しだしている女性カウンセラーに、包まれるようにして話を聴いてもらう、愚痴を受け止めてもらうだけで、彼の身も心も、どこか深いところで癒されていくのでしょう。そう考えると、「一時間、私といっしょに話をしてもらえませんか」というのは、ずいぶん率直な相談の依頼です。

そして、彼の愚痴を聴いている女性カウンセラーは、このケースを通して、今の日本の男たちの悲哀を感じないわけにはいかない、と言います。彼の愚痴の内容は、仕事のこと、家族のことがほとんどです。浮気をするでもない、マージャン、パチンコなどの賭け事をするでもない、ごくごく真面目な男性です。

彼のこれまでの人生は仕事一本槍。そのため彼は、実績からいっても年齢からいっても、自分が部長になってもおかしくない、と思っています。にもかかわらず「上がいなくならないから」課長止まりになっている会社の方針に納得できないでいるのです。最近は、部下も自己主張が強く、上と下との調整役もたいへんです。

仕事仕事でやってきた彼は、子どものこと、教育のことは妻に任せきりでした。子どもは男の子一人女の子一人ですが、ほとんどかまってやれなかったので、あまりなついているとは言えません。そのため、家庭に戻っても何となく、居心地がよくない。妻ともあまり会話をしてこなかったため、コミュニケーションがうまく成立しない。家に「居場所」がないとはこのことか、とようやく最近、実感できたようです。そんな自分の在り方と、奥様が最近、カルチャーセンターで心理学の講座をとったり、宗教に関心を持ち始めたりしたこととは何か関係があるのでは、と気にしてもいます。

「子どもの話も、妻の話も、きちんと聴いてきたとはとても言えません。私のせい、なんでしょうね……」

この男性の愚痴には、たしかに、今の日本人男性が抱えている悩み、苦しみ、さみしさの典型のような側面があります。

自分なりに、「いい父親」「いい夫」でありたいと望んではきたものの、落伍者になりたくなかったから、仕事、仕事で頑張ってきた。生き残るためにそうせざるをえなかった。その結果、職場ではいいように使われ、望むような昇進もできずに、会社人生を終えることになりそうだ。家族ともじゅうぶんなコミュニケーションをとってきたとは言い難いので、家庭に自分の居場所がないのは当然な気がする……こんな悩みや空虚感を、多くの中年男性は抱えているのではないでしょうか。

彼は一言、こうつぶやいたといいます。「私の人生、これで、いいんですかねえ」

彼が一番後悔しているのは、これまでデスクワークが中心だったので、人とのつながりを育てていくことができなかったことです。職場では絶えず「役割」や「肩書」で人とかかわっていきます。ですから、あまり個人同士が深くかかわる必要はありません。どこまでいっても本音のかかわりができにくい関係しか持てない、というのです。

「役割」や「肩書」からの解放を求めて

実際、男は絶えず何かの「肩書」を与えられ、「役割」をこなすことを期待され続けます。「上司」「部下」「同僚」。職場のみならず家庭でも、「役割」や「肩書」のプレッシャーが男たちを苦しめます。「夫」であり「父親」であり、自分の両親や妻の両親にとっては「息子」「義理の息子」でもあるのです。

最近は、奥さんの両親と同居する、というパターンも増えています。これ自体は必ずしも悪くなく、むしろこちらのほうが、夫側の親と住むより、嫁―姑関係の泥沼を回避できてずっとうまくいきやすい、という声もよく聞きますが、夫の側からするとこの場合、何となく遠慮がちになってしまいやすいのは当然です。自分が長男であったりすると、自分の両親に何となく申し訳ないような気がして、気を遣います。両親の面倒を見てくれている弟にも、長男としては頭が上がりません。たまに盆や正月に帰っても、妻の顔をつぶしちゃいけないと、思う存分親孝行すらできない現実……。

日本の家庭では、子どもたちの多くは、母親のほうによりなつきます。思春期の女の子は中年の父親を露骨に嫌って、まったく近寄らないというケースも少なくないようです。

「ちょっと前までは、お父さ～んって寄ってきてたんですけどねえ。一〇歳ぐらいからですよ。臭い、汚い、で、ピタリと近寄ってきてくれなくなってしまいましたねえ」

こんな言葉を聞いたことのある方も少なくないでしょう。

父親の多くは、職場では上司や部下に気を遣い、家庭では妻に、子どもに、さらには自分の親に気を遣い、「こんなに努力しているのに」と内心では思いながら、その努力を誰にも認めてもらえない。すべてはやって当たり前、という顔しかしてもらえない。しかも、仕事、仕事でやってきたので、利害を越えてつながっている友だちも、いつの間にかいなくなってしまった。それで、先の女性カウンセラーのような人と出会うと、思わず愚痴がこぼれることになります。「あなたみたいな、若い女の人に言っても、わかってもらえないでしょうけどねえ」などと言いながら……。

†ピクミン「愛のうた」とサラリーマンの悲哀

少し前に爆発的にヒットした曲に「愛のうた」という、任天堂のゲームソフト「ピクミン」のCMソングがあります。ピクミンとは、ある宇宙飛行士にひたすら従順に尽くす不思議な生命体で、敵に投げつけられたり、食べられたりもします。そんなピクミンのCMソングであるこの曲の特徴は、何といっても、サラリーマンたちの哀愁をうたった少し毒気をはらんだ歌詞。「今日も運ぶ、戦う、増える、そして食べられる」「でも私たちあなたに従い尽くします」「愛してくれとは言わない」などと、まるで企業社会に生きるサラリーマンたちの悲しい宿命をうたったかのように思える部分があり、それがリストラ時代のサラリーマンたちの共感を呼んでいるようなのです。

しかし、毎日「運び」「戦い」「増え」そして「食べられ」てもなお「従い尽くし」、それでも「愛してくれとは言わない」のが、現代のサラリーマンたちの姿なのだとすれば、その姿は、どんなに努力しても報われない認めてもらえない自分を語る、先の男性の悲哀に重なってきます。先の男性は、「なまの触れ合いがほしい」「つながりを実感したい」と何度も口にしていた、と言います。だからでしょう、最近は近くのボクシング・ジムに通い始めたようです。からだとからだが直接接触する格闘技は、ほかのスポーツでは得ることのできない「生身の触れ合い」が実感できるからでしょう。

と同時に、子どもの頃、やってみてうまくいかなかった難度の高いプラモデルづくりに最近は凝っているそうです。「なかなかうまくいきませんけど、苦労の末、思いどおりにできると、最高にスカッとするんですよね」。彼の仕事はデスクワークですから、自分のやった仕事の成果をリアルに実感することができません。自分がやったのか、部下がやったのか、それとも誰がやっても同じだったのか、あいまいなところがあるのです。そんな中で、プラモデルづくりは、具体的な「達成感」を与えてくれるのかもしれません。

実際、最近では、切手の収集、カードの収集、昆虫採集など、一見子どもじみた趣味にはまる大人の男たちが増えている、といいます。これも、この不況の中、仕事で大きな達成感を得ることが難しくなった男たちが、それを代替する小さな達成感を与えてくれる何かを心のどこかで求めはじめたことの表れかもしれません。

†職場にも、家庭にも、居場所がない

父や夫としての責任を果たすため、ただひたすら「役割」をこなし続ける。その結果、「自分」を見失った男たちは、何のためにそれをするのか分からないまま、ただひたすら「役割」をこなし続けるしか術がなくなる。そんな男たちの悲哀を見てきました。

実際、彼らは「家族のため」「会社のため」と自己を犠牲にして、男としての責任と役割をまっとうしようとしてきたはずです。それなのに、気がつけばその「責任と役割」の達成という作業が自己目的化して、本来の意味を実感できなくなってきます。その結果、家庭でも会社でも居場所を失う、という何とも悲劇的な事態に陥ってしまうのです。

先のケースもそうですが、私たちカウンセラーが扱う事例においては、「男のさみしさ」が滲み出ているような方々と出会うことが少なくありません。たとえば、先日、子どものことで私のもとに相談に見えた父親。彼は、ため息まじりに、こうもらします。

「会社では、年下の上司に怒鳴られ、プライドもずたずたに引き裂かれながら、それでも我慢して働き続けなくてはなりません。まぁ、これが仕事というものだ、と割り切れば、まだ我慢もできるんです。

もっと応えるのは、家族です。からだも心も疲れ切って家に帰ると、仕事仕事でほとん

ど家にいなかったことがたたってか、母親と子どもの間にできあがった関係の中に入れない。身の置場がないんです。それどころか、子どもと母親のあいだでは、ほとんど私が悪者扱いになっているようで、二人でいっしょに攻撃してきます。『あなたが息子に、父親らしい姿を見せないから、学校に行けなくなっちゃったのよ』と、子どもの不登校も私のせい、ということになっているんです。

会社でも、家でも、ホッとすることができません。ホッとできるのは、近所の安いスナックのママさんに、時々愚痴を聞いてもらうことくらいですよ。最近、給料カットで小遣いもますます減って、スナック通いも難しくなっちゃったし……」

いかがでしょう。多少、未成熟なところはありますが、私の知るかぎり、これは、日本のごく平均的な中年男性のイメージです。

あなたがもし父親であればあなた自身に、あなたがもし女性であれば、あなたの身のまわりの男性に、どこか似てはいないでしょうか。先のケースと異なるのは、お子さんが不登校であるという見えやすい問題があるか否かだけで、いずれの男性も、職場にも、家庭にも自分のほんとうの〝居場所〟はない、職場も家庭も自分のほんとうの姿を見せる場所ではない、と感じています。そして、彼らが安心してほんとうの姿をさらけ出せるのは、赤の他人であるカウンセラーやスナックのママに対してなのです。

実は私自身も、立派な子持ちの中年男性（三九歳）。そして、恥ずかしいのでどこがとは言いませんが、これらの男性と似ているところがないではありません。したがって、カウンセリングの場で話を聞いていても、彼を責める気持ちは湧いてきません。むしろ「そうだよな。そうなるのも仕方ないよな」という気持ちのほうが強く浮上してくるのです。

会社で部長職にあるような男でも、同様です。会社の中では、上司としての仮面を被り、個人的感情を抑え、自分の役割に徹して、部下に指示を出し続けます。

†攻める女、守る男

息子の不登校や家庭内暴力などに悩む御夫婦が、おふたりでカウンセリングに来られることがあります。これ自体はとても素晴らしい。というのも、特に家庭内暴力などがかかわる場合、家族の成員間の微妙で複雑な関係が影響していることが多いのに、夫のほうは「子育ては、お前にまかせてきたじゃないか」とばかりに一方的に妻を非難するばかりで、カウンセリングの場にはいっこうに姿を現さないことがしばしばあるからです。御夫婦でいっしょにカウンセリングに来られる場合、それはすでに、二人でいっしょに問題解決に取り組んでいこう、という意思の表れであって、治療のプロセスの第一歩が始まっていると、一応は考えることができます。

けれど、いざカウンセリングが始まってみると、少し様子がおかしい。夫のほうにやる気があるとはとても思えず、「奥様に無理やり連れてこられたんだなあ」と推測しないではいられない場合が少なからずあるのです。こんな時、たいていの場合、必死でしゃべり続けるのは、妻のほうです。子どもたちが次々と問題を起こしているにもかかわらず、夫がいかに役立たずか、何もしてくれないかを話し続ける。その横で、妻に強引に連れて来られた夫は、教師に叱られる生徒のように小さくなっているのです。

カルチャーセンターなどのカウンセリング講座の受講生も、その大半は主婦です。彼女らは、カウンセリングの学習を続けるうち、カウンセラーになって人さまの話を聴いている場合ではない、問題は、自分たち夫婦の関係にあったのだ、と目覚め、夫との〝対話〟に努め始めます。「カウンセリング講座で学んだ知識を生かして、夫婦関係の改善に取り組もう。もっとコミュニケーションをとろう」と思いはじめるのです。しかし、夫のほうは、そんなことを知る由もありません。ましてや、妻からの提案を受けて立つ気はさらさらない……。

妻のほうが「あなた、少しお話があるの」と声をかけても、せいぜい空返事をしてごまかすか、無言で自室に引っ込むか、「うるせえな。俺は疲れてるんだ！」と怒って怒鳴りだすかのいずれかです。そしてしまいには「お前、最近、何だか、おかしくないか……。

そういえば、あの、カウンセリング講座とかってのに出始めたあたりから、変になってきたような気がするな。何だよ、カウンセリングって。そんなオカシナものを勉強するからこうなるんだよ！」と、カウンセリング講座を目の敵にしだす始末です。

妻のほうが「いいえ、そんなことないわ。カウンセリングは素晴らしいの。私たちの生き方を変える力を持っているの。講師の諸富先生だって素晴らしい方よ！　ぜひ、あなたもいっしょに行きましょう。行けば、わかるわ」などと反論でもしようものなら、「とんでもねえ。何だ、その諸富って奴は！　そいつがお前をたぶらかした、おかしな宗教の教祖か?!」などと言われて、私がとばっちりを受けるはめになることもあります。

実際、妻たちが糾弾するのももっともだ、と思えるくらい、日本の男性のコミュニケーション能力は、総じて、低レヴェルです。今後、相当なコミュニケーション能力の向上が見られない限り、男たちが家庭に自分の居場所を見出すことは難しいでしょう。

†「居場所」と「自尊心の充足」を求めて「外」の女性へ

そんなわけで、職場にも家庭にも自分の居場所を見出せない男たちが、心の潤いを求めて手を伸ばすのが、「外」の女性たちです。

プロ相手だと、近所の安手のスナックから銀座の高級クラブ、風俗系ですとピンサロから高級ソープまで。素人相手だと、多くは職場の同僚、最近はインターネットの出会い系サイトなどがそのチャンスを与えてくれます。

風俗店通いの男性など、スケベ心ももちろんないわけではないでしょうが、私の見るところ、それ以上に男たちが求めているのは、「居場所」と「自尊心の充足」です。決して安くはないお金を払ってスナックに入り浸りになる男性がいるのも、自分の居場所とつかの間の心の潤いを求めてのこと。責める気にはなりません。そこでは、「粗大ゴミ」扱いされることも、「臭い」「汚い」と言われることも、ない。子どもと妻の間にできあがった関係に、無理して入っていく必要もない。多少のお金を払えば、自分にあった、とりとめもない会話をしてくれて、きちんとていねいに相手をしてくれる。それによって得られる自尊心の充足を男たちは何よりも欲しているようです。

けれど、下手に素人の女性に手など出そうものなら大変。「その服、素敵だね」の一言もセクハラ扱いされかねない現状です。もちろんセクハラそのものは許しがたい行為ですが、ただでさえ弱くなった男たちが「それセクハラ！」の一言に脅えて、得意の下ネタもオヤジギャグも封じられ、さらに骨を抜かれつつあるように思えます。

こんな世相を反映してか、最近、現実には手の届かない超高級すし屋、高級シティーホテルのスウィートルーム、高級温泉旅館など、理想のデートスポットを特集した中年男性向け情報誌が相次いで創刊され、ブームを呼んでいるといいます。現実の女性が厳しい分、せめて空想の中で「夢」を叶えたいということでしょうか。

†おやじのつぶやき

多くの中年男性にとって理想的な状態とは、こんなふうではないでしょうか。「これが俺の天職だ」と思える生きがいのある仕事に恵まれ、優秀な部下も得てイキイキと仕事に取り組み、家に帰れば、妻からも子どもたちからもリスペクトされホッと一息付ける。そして、欲を言えば、女性との刺激的な出会いを楽しむこともできる。

ところが現実はまるでその逆。生きがいがあり達成感が得られる仕事など、そう簡単に手に入るものではなく、部下は生意気で（あるいは、何を考えているかわからず）、家に帰れば、妻からも子どもたちからも邪魔者扱い（亭主元気で留守がいい）。ましてや、他の女性になど、セクハラが怖くて手を出せるものではないし、小遣いも少ないからお店に通うのもままならない。

こんなふうに、どこでも満たされることがなく、しかも自分を見つめようとも生き方を変えようともせず（その気力もなく）、ただひたすらくたびれ疲れ果て、薄っぺらなプライドに辛うじてすがりついているのが（そして、そのプライドすら周囲から尊重されないのが）、今の日本の中年男たちの現状でしょう。これではさみしくなるのも、元気がなくなるのも当然だと思うのですが、いかがでしょう。少し言い過ぎでしょうか。

次ページの図1をご覧ください。これは、インターネット上で、「さみしい」「寂しい」「淋しい」「男」などの言葉を入力して出てきた言葉を分類したものです。「妻・恋人がいない」とか「身のまわりの世話をしてくれる人がいない」などの、具体的な欠落を訴えるものを別にすれば、家族や会社の部下・同僚などから「相手にされない」ことが、男のさみしさの最大の要因であることがわかります。

男は、プライドの生き物。周囲から自分が「大切にされている」という感覚を得られないと、どうしてもエネルギーが湧いて来なくなる存在なのです（そうした〝さみしい男〟に対して女性の側に、「手をさしのべたくなる」「守ってあげたくなる」などの言葉が見られるのは、せめてもの救いですね）。

そんな男のさみしさについて思いをめぐらしていた矢先、筑紫哲也さんの『NEWS23』で、テレビ局に設置された録音電話にかけてきた「おやじ」のつぶやきを紹介する、というコーナーがありました。共感するやら同情するやら、実にいろいろな声がありました。私も興味深く視聴し、メモを取ったのですが、その範囲内では、おおよそ、次のような吹き込みがなされていました（私の聞き間違いがあったら、ごめんなさい）。

図1　男女にとって「さみしい男」とは

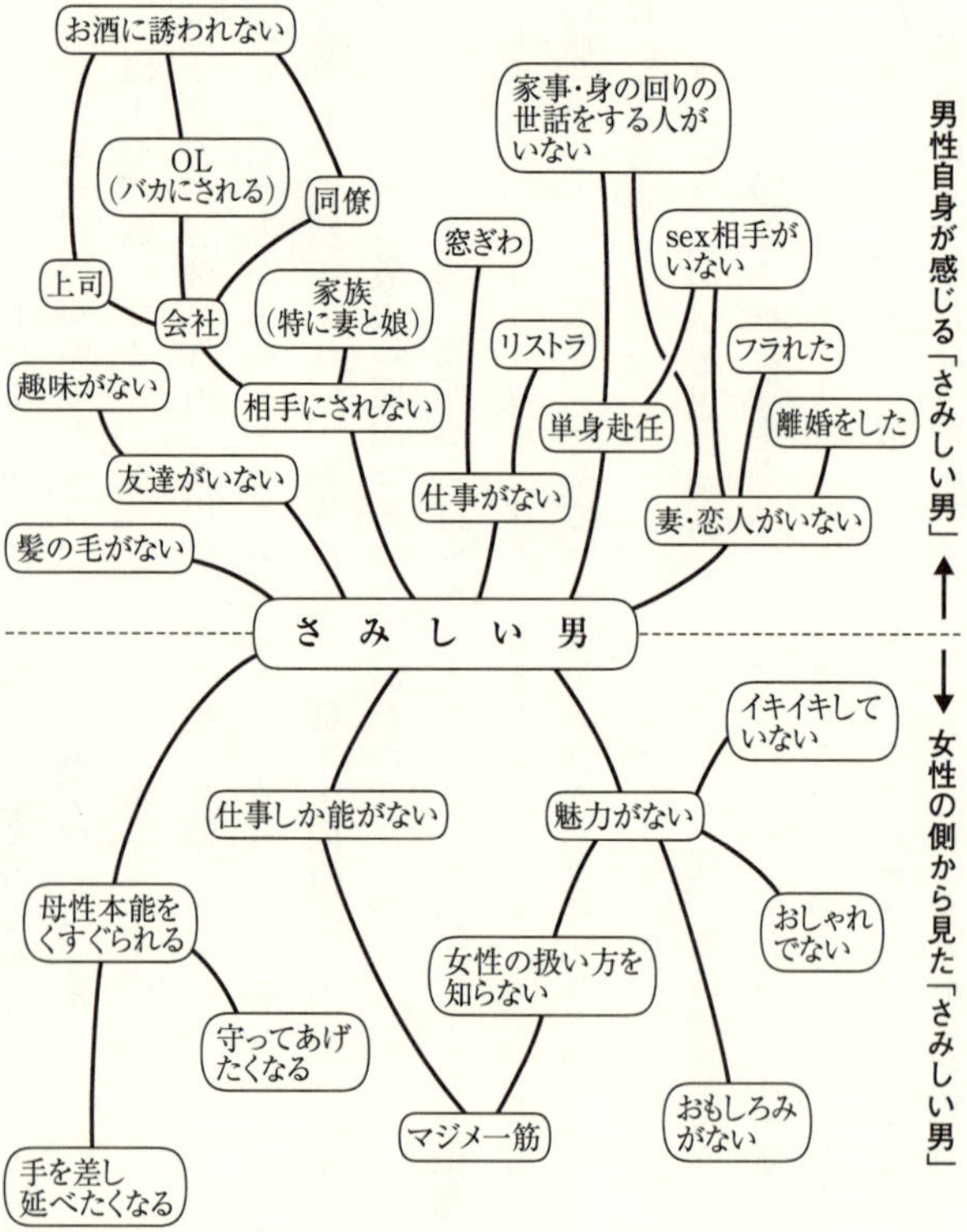

(インターネットで，「さみしい」「寂しい」「淋しい」「男」などの言葉で検索し，そこで出てきた言葉を分類した)

「職場でのこと」「家族とのかかわり」「女性とのかかわり」という先に提示した三つの視点ごとに紹介していきましょう。

職場でのこと

•「三八歳の公務員です。私には、一〇人ほどの部下がいますが、みんな、私より遅く来ますし、言葉もタメロを聞いてきます。指示をだしてもやってくれないので、結局、自分でやるはめに。帰宅が遅くなり、妻からも愚痴をこぼされます……」

私も、某企業の支店長クラスを対象にした研修に講師として招かれ、「カウンセリング・マインドを使ったうまい部下とのつきあい方」といったテーマで何年か話をしたことがあります。管理職の方は、最近の若い社員の扱いに結構困っています。こうした傾向が出始めたのは、今の三〇代後半、「新人類」といわれた世代が入社し始めた頃でしょうか。「最近の若い人たちは、ワガママな上に、少し何か言うとすぐに傷つく。何を考えてるかわからず、困ったもんだ」そんな管理職が増えています。そして、こんな部下の言動に振り回され、エネルギーを枯渇させて軽いうつ状態になる方も少なくありません。

•「いつリストラにあうか、わからない状態です。おかげで妻からも、子どもからもバカにされて……。身内から責められるのが、一番つらいですね」

リストラにあった方は、当然ながら今、たいへん辛い立場に置かれています。けれど、本人にとって最もつらいのは、それに関連して家族からとられる冷たい態度です。特に、お子さんに責められるのが、父親としては一番プライドを傷つけられるようです。

このように、職場でのつらさは、家族がそれにどういう態度をとるか、ということと密接にかかわっています。そんなわけで、次に家族とのかかわりについて。

家族とのかかわり

・「私の小遣いは月五万です。その中から、携帯電話の料金も支払うし、煙草代も払います。家族との食事にもかなり出掛けます。なのに、みんな僕を大切にしてくれません。家族は、もっと僕に敬意を払うべきだと思うんですけど……」

・「小遣いは二万円。もっと増やしてほしいのですが、聞き入れてもらえません。妻は身体も大きく、私は小さいので、あんまり言うと投げ飛ばされてしまいます」

妻に対する夫の不満で最も多いのが、小遣いの少なさです。この不況の中、給料が下がったりボーナスが極端に減ったりと、収入そのものが減っているのですから、支出も抑えるのが当然といえば当然。けれど、飲むのに使うお金がない、というのは、男としては特につらいところです。

ちなみに、ある調査によると、既婚者の小遣いの平均は月五万四〇〇〇円程度。最近、「五万円→三万円」といったコースをたどった方も少なくないようです。

小遣いの少なさとの関係で最近話題になったのが、ファースト・フード店に行列をなすサラリーマンたちの姿。これが現実、ということはわかっているにしても、あれほど過酷な労働を強いられた上に、昼食をできるだけ安く浮かせるために昼休みまで並ばなくてはならないとは。男たちのつらくも悲しい現実を目の当たりにした気がしました。

一方、女子高生の小遣いは平均一万数千円で、これにバイトで稼いだお金を合わせると、自由になるお金は月々三、四万円。実家から通勤し、生活費もほとんど入れないOL(パラサイト・シングルのOL)になると、実に給与の大半を自由に使えてしまうわけで……「不公平」と嘆いても仕方ないとわかっていながら嘆かざるをえないのが現実です。

・「単身赴任を一六年間続けてきました。一六年間コンビニの弁当で、ずっと辛かった。最近、家族がこちらに越してくると言っているのですが、これまでみんなで好き勝手なことやってきて、今さらこちらに来るとか来ないとか、勝手なことを言われても困ります」

・「私の夢は、家族と暮らすことです。離婚して借金もあるから、今は無理だけど、いつかもう一度、みんなといっしょに暮らしたい……」

単身赴任、離婚。かつていっしょに暮らし、何らかの事情で離れ離れになった家族と、また共に暮らしてゆきたい、それが私の一番の願望だ、という男性は少なくありません。単身赴任は「子どもの学校の都合」を考えて、というケースが多いようですが、多くの場合、一人になり、さみしい思いをするのは男たちのほう。残された家族も、最初は「何か、あるべきものが、ない」というさみしい思いをするものですが、数年経ち、慣れてしまうと「父親のいない生活」にすっかり適応してしまい、たまに帰っても、うっとうしがられるのが関の山、という場合が少なくありません。それにしても、「一六年間コンビニ弁当」というのは、泣かせる言葉ですね。

・「小学校四年生の娘と八〇過ぎの要介護の母といっしょに生活しています。毎日、深夜三時頃まで母のオムツを換えて、娘の面倒を見て……新聞を読んだりニュースを見たりするほかは、何の楽しみもない生活です。これから先、いつかは少しでも幸せがやってくると信じているのですが」

うーん。これは、つらい。これだけだと明確にはわかりかねますが、もしかすると、シングル・ファーザーで、しかも、お母様の介護もされているのでしょうか。

私は、学校現場でカウンセリングをしていて実感するのですが、最近シングル・ファーザーの家庭が確実に増えているように思います。しかも、お父さんの仕事が銀行マンだったりと、社会的地位も結構高く、ストレスもたまりそうな仕事だったりするのです。その時間のやりくりの苦労をお聞きするだけで「いやぁ、たいへんだなぁ。俺には、真似できない」というのが、正直な感想。私は、ぐうたらなくせして『カウンセラーパパの子育て論』(金子書房)なんていう子育て本を書いたりしていますが、とてもかないません！

しかし、こうして苦労されているお父さんは、どこか魅力的。私たち、ふつうの日本の男にはない生命感、生活力に溢れている感じがします。「新しい男のかたち」は案外、こうして否応なしに鍛えられた男たちから作られていくのかもしれません。

女性とのかかわり

・「おんなは嫌いだ。男をいつも馬鹿にして……女が悪い！」

電話に録音されたその口調からして、いかにも怨念の塊、というべき絶叫でした。「女は男を立てるもの」という文化の中で生まれ育った男たちにとって、言いたいことをストレートに言う昨今の女性たちの言動は「男を馬鹿にした」ものに映るのでしょう。

この方が「俺を馬鹿にして」というのでなく、「男を馬鹿にして」と言っていることに意味があると思います。つまり、自分が馬鹿にされた、と思うのではなく、まず「男vs女」という構図を立て、その中で「男が馬鹿にされた」と思っている。その背後には「自分は男である」という自意識、「男であること」へのこだわりがあり、そこを刺激されると、「女のくせに！」「男を馬鹿にして」という叫びになるのでしょう。

この放送でもう一つ興味深かったのは、さまざまな男のこころのつぶやきとともに、男のこれからの生き方を示唆する言葉もいくつか見られた点です。それを紹介しましょう。

・「今までの男は、仕事のため、家族のために生きてきたけれど、これからの男は自分のために生きるのだと思います」

・「ちびちび酒飲みながら、夢なんて語ってんじゃねえぞ、おめえら。夢語るのは、まずは仕事やめてからだ。それからだろうが、夢語れるのは。俺は、もうやめたぞ」

・「男として生きるということは、最終的には、家族を捨てる覚悟が必要なのだと思います」

一見、バラバラに見えますが、共通しているのは、「仕事のため」「家族のため」と言いつつ、ひたすら役割と責任遂行に奔走する生活からの脱却を語っている点です。そこでは、「自分を生きる」ために、いざとなれば「仕事を辞める」「家族を捨てる」という厳しい覚悟が必要になるということが、端的に表現されています。「仕事のため」「家族のため」から、「自分のため」へ。これからの男の生き方を一言で言うとするなら、やはりこんなところに落ちつくのでしょうか。しかし、この「自分のため」というのは、本気でやろうとすると、なかなかに難しい。「頭ではわかっているけど、現実は……」「そうは言っても、家族のことを考えると……」と踏ん切りがつかない。また、その踏ん切れないところに、男のやさしさが垣間見えたりもします。

この「自分のため」というのは、つきつめていくと「自分のため」という個人主義でとどまるはずもなく、いずれ「自分」を超えて、「世のため」「人のため」「世界のため」「宇宙のため」と、広がっていくはずです。人間のこころは、「自分」へのこだわりを捨てて、ほかの「何か」や「誰か」との、そして大きなヴィジョンや使命との「つながり」を感じることなしには、本当には満たされえないものだからです。

しかし、こうした理想の生き方を実現するためにも、まずは、「仕事のため」「家族のため」といううしがらみから脱却し解放されて、「自分のため」に生きる生き方を実現すること。これが、私たち日本の男性に今、求められていることではないでしょうか。

幼稚園児たちの言葉

私が先の番組で最もショッキングだったのは、幼稚園の女の子たちへのインタビューで、自分の父親を好きかと聞かれ、「お父さん嫌い。いつも、お酒飲んで帰って来るから」と答え、自分の父親と結婚したいかと問われれば、「いや～、臭いから～」「テレビ見てるか寝てばかりいるから、いやだ～」と答えたシーンでした。おまけに、「お父さんは幸せそう？」との問いには、「幸せそうじゃない。いつもお母さんと喧嘩ばかりしてる」と答えていたのです。

私はこれまで、カウンセリングをしている中学生たちから父親の悪口をさんざん聞かされてきました。やれ「くさい」だの「きたない」だの「不潔」だの……。ですから、いま五歳になる私の愛娘について、「こんなふうにラブラブできるのも、まぁ、一〇歳までだな」などと、なんとはなしに覚悟はしてきました。しかし、幼稚園児にして、すでに「お父さん、くさい」の世界に突入しているとは！　せめて、娘が一〇歳になるまでは嫌われないための努力を怠るまい、と固く決意した私でした。

さてこれまで、総論的に、今、男たちが置かれている現状と、彼らが抱えているさみしさについて考えてきました。次章からは、各論です。まず、「働くこと」とのかかわりについて、次に、「家族」とのかかわり、最後に「女性」とのかかわりについて考えていきます。これからの男の生き方について、何らかの新たなイメージを提示できれば、と思っています。

第2章 働きたくない男

†ぼくの希望進路は「家事手伝い」

次に紹介するのは、千葉大学のかつての私のゼミ生（男子学生）と私との会話です。仮に、さとし（仮名）としておきましょう。

私「さとしはさあ、今年、卒業したら、どうするんだっけ？」

さとし「あ、僕ですかあ。そうですね、すぐにどこかに就職する気持ちはありません。しばらく、いろいろ旅行して歩いて。写真撮ったり、絵、描いたりして……。それからですね、就職は」

私「はあ。では、進路は〝旅人〟ですかあ？」

さとし「何言ってんですか、先生。そうですね、とりあえず、〝家事手伝い〟ってとこですかね。おれんち、店やってるじゃないですか、文房具屋。週に、一日か二日、そこ手伝って、あとはしばらくは、気ままに旅でもしてたいなって思うんですよね。絵描いたりしながら」

私「ふーん。いいなぁ。ずいぶん、優雅だなぁ。僕もできることなら、そんな生活、してみたいよ。で、ご両親は、それでいいって言ってくれてるの？」

さとし「ええ。家の仕事手伝うならって」

私「でも、店手伝うっていっても、週に一日か二日でしょう。少なすぎない？」

さとし「痛いとこ、突きますね。でも、そんなに働くくらいなら、どっか就職先を探してますよ。でも、その気持ちはさらさらないんです。まだまだ、〝やりたいこと〟があるっていうか」

私「やりたいことがあっても、仕事すればいいじゃん。一生懸命昼間仕事して、夜、趣味なんかに没頭できればいいじゃない？」

さとし「うーん、そんな器用なこと、難しいですよね。それに……。大学卒業して、すぐに就職して、働くって、幸せなことなんでしょうかね？　いったん就職しちゃうと、朝早くから夜遅くまで仕事、仕事、仕事……で、生きてる心地しないんじゃないか、と思うんですよね。ゆったり旅行する時間もなくなっちゃうし。オヤジの顔とか見てても、あんまり幸せそうじゃないですもん。

で、俺、考えたんです。せっかく今、オヤジがまだ現役で、食べていくには困らない状態なんで……今のうちに、ただノンビリ過ごしながら、好きなことをやるような生活を送っておきたいなあって。もちろん、頃合いを見て、どこかに就職したいとは思っていますよ。でも、まだ何か、〝あきらめ〟がつかないんですよねぇ」

読者のみなさん、どう思われますか？

「大学四年にもなって、大人になれないヤツだ」「甘ったれんじゃねえ」そんなふうに言いたくなった方も少なくないと思います。でも、どこかわかる気も、しませんか。特に、毎日、死に物狂いで働いているあなただからこそ、どこか否定できない感じは、ありませんか？　そして、心のどこかで「羨ましい」「できれば自分も、そんな生活してみたい」そんなふうに思われた方もおられるのではないでしょうか。

†就職活動に投げやりな男子学生

そして最近、私のまわりでは、なぜか、あまり就職活動をしない、しているとしても熱心にしているとは思えない男子学生が、増えているのです。もっとも、千葉大学の名誉のために言っておきますが、やる気のある学生だって、ちゃんといます。あくまで〝私のまわりには〟そんな学生が多い、ということなのです。私が、そういう学生をまわりに引き込む〝気〟を発しているのでしょうか。あるいは、単にそういう学生の〝救済係〟にさせられているだけなのかもしれませんが。

けれど、それを差し引いても、やはり就職に無気力な男子学生が多いように思います。その証拠に、私のゼミ生でも、女子学生のほうは、かなり熱心に就職活動に取り組んでいるのです。私の所属は教育学部ですから、当然、教員を志望する学生、カウンセラー志望の学生が多いのですが、その他にも、一般企業、公務員と、自分で自分の道を探し、人生を切り拓こうとしている意志が感じられます。たとえばゼミの合間に、就職活動のことで話がはずむのは、きまって女子学生です。「さとみ、公務員受かったぁ?」「ううん、ダメだった。ようこは?」「うん、内定もらったよ」そんな会話が、うるさいぐらいに研究室に響きます。指導教官としては、たのもしい、というか、「コイツら、まかせておいて、大丈夫だな」という気分になれます。

この平成の大不況にあって、女子学生のあいだには、ある種の危機感——この厳しい時代をどうやってサバイバルするか、という意識——が育まれています。自分の人生を自分で試行錯誤(トライアル・アンド・エラー)しながら、何とか切り拓いていこうとする姿勢が伝わってくるのです。

一方、男子学生の間で、このような会話がはずむことは、残念ながら、まずありません。

進路のことを自分のほうから口にする学生も非常に少ない。

「来年、どうするんだっけ？」

「教員です」

「で、どうだった？」

「だめでした。また、頑張ります」

といった、単調な会話ばかり。

試行錯誤しながら、自分の人生を何とか自分で切り拓いていこうとする姿勢が感じられない。一応決めた進路を試みて、それがダメだったら、仕方ない。「もしかすると、自分には別の可能性があるのでは」と、生き方を吟味することも、あまりしない。流れに身を任せているだけで、どこか進路に対して、と言うより、人生全体に対して投げやりな姿勢が感じられるのです。

「二〇代前半というのは、そんなものじゃないか。自分の身の置き所がわからなくて、悩む時期じゃないか」と言われればたしかにそうなのですが、それにしても、この無気力なムードは、何とかならないか。「彼らは、この困難な時代を果して生き残っていけるのだろうか」と、そんな疑問が湧いてきてしまうのです。

これに比べれば、先ほど紹介した、大学を卒業したらひとまず「家事手伝い」でも、と言っていた男子学生などは、ずっといいほうです。

自分の人生の明確な目標が定まらない。どこにどうエネルギーを注げばいいのか、身の置き所が定まっていない、という点では、彼らは共通しています。しかし、大半の男子学生が、自分の無気力に、というか、人生の目標を見いだしがたいこの時代の、空虚な空気に囚われてしまって、自分で自分をどうすればいいかわからず、どこか投げやりになっているのに対して、冒頭の学生は、そのことに非常に意識的です。自分自身で意図的に脱力した在り方を選び取って、それを長い人生計画の中に組み込んでいる。だから彼からは、サッパリとしたさわやかさが伝わってくる。くわしくは後で書きますが、脱力した自然体の生き方を意識的に選んだ若者に特有の、自分自身や他人に対するある種のやさしさが伝わってくるのです。実際そのためか、彼は多くの仲間や後輩から人気があります。

一方、大半の男子学生は、意図的に選んだわけではなく、自分で自分をどうすればいいかわからず、もがいているように見えます。否、どうもがいていいのかもわからず、もがく気力さえ失ってしまっているかのように見えるのです。

つまり、多少図式的に説明すると、冒頭の学生のようなタイプ（タイプ①）は、選んだ脱力。意識的・自覚的な、脱力・自然体系で、一方、その他の多くの学生（タイプ②）は、自ら選んだのではなく、時代の空気に囚われたがゆえの、無自覚な無気力系、ということになるでしょうか。

一口に、無気力な男子学生が増えてきたといっても、よく見ると、この二つのタイプに類別できるような気がします。とはいえ、いずれの男子学生にも、今の時代を生き残ろうとする強い意志が見られないのは、たしか。ましてや、ギラッと輝く迫力ある眼差しをして、「人生で何かをなしとげてやろう」という野望に燃えている若い男など、めったにお目にかかれるものではありません。

いったいぜんたい、いつから、なぜ、こんなふうになってしまったのでしょうか。何が男たちから、エネルギーを奪ってしまったのでしょうか。

まずこの視点から、男たちのさみしさ、元気のなさを探っていくことにしましょう。

†「働かない」がブーム?

もう一度、冒頭の学生のことに戻りましょう。私は、彼が語った次の言葉にうーんと唸らざるをえませんでした。

「大学卒業して、すぐに就職して、働くって幸せなことなんでしょうかね? いったん就職しちゃうと、朝早くから夜遅くまで仕事、仕事、仕事……で、生きてる心地しないんじゃないか、と思うんですよね」

「せっかく今、まだオヤジが現役で、食べていくのには困らない状態なんで……今のうちに、ただノンビリ過ごしながら、好きなことをやる生活を送っておきたいなあって」

今、毎日仕事をされているすべての方にお聞きしたい。

あなたは今、幸せですか。仕事の量は、ちょうどいいですか。

仕事をすべて辞めるとなると勇気がいるし、不安にもなるでしょうけれど、もし、今のままの仕事の内容で、仕事量が今の二分の一になっても、それでも今の生活レヴェルを落とさずにすむとしたならば……あなたは、今のままの仕事を続けますか？

ほとんどの方は、「そりゃ、生活レヴェル、落とさずにすむのなら、迷わず仕事の量を減らすよ」と、そうお考えになるのではないでしょうか。私だって、もちろん、そうします。けれど、現実にはそんなことは不可能だから、毎日毎日、ただひたすら働かざるをえないという方がほとんどでしょう。

そう考えると、「いったん、仕事についてしまうと、そんな毎日の繰り返しから抜け出せなくなるのはわかっているから、オヤジが元気なうちは、できるだけ仕事はせずに、遊んで暮らそう」と考える、先の学生の考えも、あながち誤ったものとは言えない。というより、きわめて〝賢明な生き方〟であるとも言うことができるのです。若いくせに、よくそう冷静に人生を見つめることができるなあ、と、私など、感心しさえするほどです。そして、そんな生き方は、ある意味で、今のこの時代の空気をよく表しているということもできます。

中島義道さんの書かれた『働くのがイヤな人のための本』(日本経済新聞社)という本が少し前にベストセラーになりました。このようなタイトルの本が売れること自体、働くことの意味を実感しづらいこの時代の空気をよく反映していると思います。

†「働くことの意味」が実感できない

働きたがらない男子学生の現状を分析すると、次の三つの現実の中で身動きが取れなくなっている、ということがわかります。

①自分がそうなりたい人生の「目標」のようなものが特にない。「生きがいのある仕事に就くことが大切だ」と言われると、たしかにそうだと思うし、自分もできればそうしたいとは思うのだけれど、具体的にはそれが見つからない。

②だからとりあえず、みんなが目指すような仕事を目指してみようとチラリと思うし、実際に、少しだけ勉強してみたりもするのだけれど、もともと特に意欲があるわけでもないし、あまりに苦しいので、長続きしない。すぐに、あきらめてしまう。

③したがって仕方がないので、ごく普通のサラリーマンになろうかとも思うが、これが

想像するだけでイヤになるほど、過酷そうである。

　毎日毎日、何の意味があるのかわからない仕事をタイムスケジュールに追われてこなしていくのも辛そうだし、毎日満員電車に乗らなくてはならないのも、たまらなく苦痛だ。「組織」に拘束されると考えると、それだけで窒息しそうだし、尊敬してもいない上司や仕事相手に頭を下げ続け、気を配り続けなくてはならない人間関係が、何といっても息苦しい。

　この三つの現実の中で身動きできなくなっている男子学生が、今、日本中に山のように存在しています。そして、その結果、本格的な就職は先送りすることにし、しかし飯は食っていかなくてはならないので、とりあえずフリーターになる、という道を選んでいくのです。これは、大学生にだけ当てはまることではありません。

　先日、ある高校の先生と話をしていたら、最近、高校を中退していく学生の様子が、何だか以前とは違ってきた、とおっしゃるのです。かつては、中退していく場合でも、本人や保護者とじゅうぶん話をし、たとえば実家の仕事を手伝うなど、その後の受け入れ先が決まってから中退していったから、送り出す教師としても、かなり納得できていた。それが最近は、本人も教師のほうも、なぜやめなくてはならないのか、理由のよくわからない中退が増えてきた。そして中退後は、別の学校に入り直すでもなく、仕事をするでもない。

ただブラブラしていたり、せいぜいフリーターになるのが関の山、という感じの高校中退者が増えてきた、とおっしゃるのです。

二二歳以上の大卒の若者が就職を先送りするのですから、まだ一〇代後半の高校中退者が就職を先送りするのは当然と言えば当然です。まだまだ働きたくない。遊ぶ時間が欲しいし、人生の着地点を決めてしまいたくない。宙ぶらりんの状態でいたいのでしょう。

そして、この「就職の先送り現象」の背後にあるのは――大切なので何度も言いますが――「働くことの意味」が実感できにくくなった時代の空気です。

内閣府の世論調査（二〇〇〇年九月実施）によれば、一八歳〜二一歳の男女で最初から「就職する意志はない」と答えているのは一・六％。一見、低い数字に見えますが、これは一九九五年におこなわれた前回調査の〇・四％と比べると、実に四倍にもハネ上がっているのです。

多くの大人は、「最近の若者は根気がなくなった」「耐性が低くなったから、仕事が長続きしないのだ」とも言います。実際、最近の若者は、就職を先送りするだけではなく、仕事に就いてもすぐに辞めてしまう人が少なくありません。大卒就職者の三割が、三年以内に仕事を辞めている、というデータ（二〇〇〇年版「労働白書」）もあります。それによると、高卒者では五割、中卒者では七割が三年以内に最初の仕事を辞めています。

こうしたデータからも、最近の若者の欲求不満耐性（フラストレーション・トレランス）が低くなっていると言えるでしょう。我慢の閾値が低くなっている、と言ってもいい。特に著しいのは、人間関係での欲求不満耐性の低下です。人間関係がうまくいかなくなった時、自分の感情をどう処理すればよいかわからずパニックになり、「もうやってらんねえ」と叫びながらブチキレる。すべてを投げ出してしまいやすいのです。その原因は定かではありません。ある人は親のしつけのせいにし、また別の人は地域の教育力の低下のせいにするでしょう。食生活の変化に原因を求める人もいるかもしれません。

しかし私の見るところ、最も根本的なことは、「働くことの意味」が実感できないこと、そうした時代の空気なのだと思います。

阪神大震災の折、ボランティア活動に取り組んでいる若者をさしてしばしば指摘されたことですが、今の若者たちも、やる気を出せばじゅうぶんやれるのです。学生たちを見ていても、そう思います。「これは意味がある」と実感できることには必死で取り組んで、すごいパワーを発揮します。しかし、やる気の出ないもの、なぜそれをやるのか意味の実感できないことに対しては、とことん手を抜く傾向があります。

先ほども言ったように、若者たち、特に若い男たちの働く意欲が低下しているのは、「働くことの意味」が実感できないからです。より端的に言うと、「下手に働きすぎると、損だ」という直感が彼らにはあり――私はこの直感には、ある種の正当性があるように感じますが――それが彼らの働く意欲を失わせているものの正体だと私は思うのです。

高度経済成長の時代なら、男たちにとって「働くことの意味」を実感することはたやすかったはずです。先進諸国に「追いつけ、追い越せ」の雰囲気の中、「少しでもよい生活をしよう、子どもにいい教育を与えよう」と頑張ることができたはずです。一心不乱に働いて、仕事の成績があがり昇進できることは、自分にとっての喜びであると同時に、家族の喜びでもあった。必死で働く父親は、その労働のゆえに尊敬され、母親は父親から任された家庭を守ることに専念できた。

「立身出世」という言葉が端的に示すように、頑張って働いて自分の身を立てることは世に出ることでもあり、自分の幸福と家族の幸福、そして社会や国家への貢献ということが一つに重なって見えていた。こんな時代の空気の中で、男たちは「働くことの意味」を疑う余地なく信じつづけ、ただひたすらに働き続けることができていたのです。つまり、「世のため、会社のために頑張る」→「自分の出世」→「家族の幸福」という幸福な一致の中で男たちは、目指すべきターゲットに向かって一心不乱に突き進むことができたのです。しかし今や、誰もこの幸福な一致を信じることはできません。

この平成不況の中、どんなに働いても、今の生活を維持することが精一杯。子どもに自分以上の学歴を与えることは難しく、頑張りの成果はきわめて見えにくい。下手すれば自分の努力にかかわりなく、上司のミスの煽りをうける形でリストラされかねない始末。「家族のために」と働いても、働きすぎると、「もっと家族のケアをしろ」と責められてしまいます。疲れ果てて、休日に家で寝ころんでいると〝粗大ゴミ〟扱い。出世に精を出しすぎると、「そんなに出世したいのか」とエゴイスト呼ばわりされかねません。

つまり今は、「働いても働かなくても、そんなに人生変わらない」と思えてしまう時代。否、「働きすぎると、かえってロクなことはない」と感じられる時代です。気ままにフリーターをしていても、車だって買えるし、海外旅行に行くことだってできる。将来は少し不安だけれど、先のことさえ考えなければ、そこそこ豊かな生活はできるし、何といっても、自分の自由になる時間があって、いやな人間関係で苦しまずにすむのが最大の魅力だ。下手なところに就職でもしようものなら、自由を一切奪い取られてしまう。

「あまり一生懸命働かないほうが、得だ」——そんな雰囲気が世の中にあって、これが男たちの働く意欲を低下させている、ひいては生きるエネルギー、活力そのものの低下にも結びついているように思えます。

†「働かない」という生き方——〝だめ連〟の生き方

「この人生は、もしかすると、あまり働きすぎないほうがいいのではないか」「むやみやたらに働いていると、ロクなことはないのではないか」

このような、これまで当然のようにみなされてきた働くことの意義を疑問視し、相対化する風潮が、今、世の中の気分として立ち上がってきている、と述べてきました。

「働かないこと」を、あえて自らの生き方として選び、一つのイデオロギーとして主張する〝だめ連〟なるグループが、数年前から注目を浴びています。その名のとおり、いわば〝だめ人間〟を自称する人々が集まったグループですが、そこには、どうも今の世の中ではうまく生きられない、自分は世の中の落伍者だと思っている人々が集まっていて、お互いの気持ちを語り合ったり、どうすれば定職につかずに生きていけるかとか、どこに楽でペイのいいバイトがあるかとか、そういった情報を交換しあっている、というのです。

テレビで〝だめ連〟の集会の様子を見たことがありますが、そこに集まった人々は、みんなどこかホッとしているというか、このグループの中ではじめて自然体でいることができる自分を喜んでいるように見えました。中には、東大生とか早大生とか、世間から見れば〝エリート〟に属するであろう若者もいましたが、「大学に行っても、誰とも話ができないけれど、ここに来れば話しかけてもらえる」「ネクタイをしなくてはならないような仕事にはつきたくない。何とか生きていければそれでいい」などといったことを、ここでは安心して話すことができるのです。

とはいっても、〝だめ連〟は、単に気の弱い、怠け者の集団ではなさそうです。

テレビに映った〝だめ連〟のリーダーの顔は、結構ビシッと引き締まっている。今時の若い男にはめずらしく、鋭い眼光を発しています。彼は今、三二歳。数年前、「生活のために働くというが、生活のためにだけ、したくもない仕事をすることに人生の大部分の時間を費やすのは、いやだ」「それでは、何のために生まれてきたのか、わからない」――そんなことを思って、それまで勤めていた会社を辞めたそうです。

ここまでは、結構多くの人がやっていることですが、この人がユニークなのは、そのまま働かずに生活していこうとしたこと。退職以降、ずっと定職にもつかず、昼間の三時ごろまで寝ていられるような気楽な生活を続けているのです。

そんな今の生活に彼は、これっぽっちも劣等感を抱いてはいません。むしろ、同じ世代の人々の大半が、朝から晩まで、それこそ「生活のため」「家族のため」と、やりたくもない仕事にあくせくしているのを思うと、心の中で「勝った」とつぶやくのだそうです。

「勝った」――これはおそらく、かなり正直な彼の実感です。この感覚は決して負け惜しみでも何でもなく、正直な生活実感でしょう。

こんなことをいうのは、実は私も、大学院の後期課程やオーバードクター(博士課程を終えても定職にありつけない状態）の時代に、同じような体験をしたことがあるからです（詳しくは『孤独であるためのレッスン』〔ＮＨＫブックス〕に書きましたので、そちらをご覧ください）。

この頃の私は――二〇代半ばから後半にかけてですが――夕方四時に起きて、ひたすら思索と読書と論文執筆に取り組み、そのほかは、バイトなどもいっさいせず、午前十時ごろに寝るという、完全な昼夜逆転の生活を送っていました。そんな生活を続けていると、特に論文がうまく書けない時など、同じ世代の友人たちはみんな頑張って働いて、結婚して子どもをつくったりしているのに、自分はいったい何をしているんだと、取り残されたような気持ちになったものです。何も成果があげられないまま、ただ無意味な時間が過ぎていく。そんな体験を、多くの文科系大学院生たちは、味わったことがあるはずです。

しかし、そんな体験も、私の場合は、最初のうちだけ。論文執筆は苦しみの連続でしたが、同時に、「ほかの人が、毎日毎日、生計を立てるためにしたくもないことをしてすごしているのに、俺はこんな、したいことだけをしてすごせるなんて、なんて幸せな人生なんだ」そんな優越感にひたったものです。特に、よく晴れた平日の午後に、それほど人のいない公園に行って昼寝をした時の優越感といったら、ありません。今の日本、たとえ貧乏でも、自由な時間さえあれば、そこそこ優雅な生活はできるもの。「自由に使える時間の量」というのが、実は、ある意味では金銭以上の、隠れた豊かさの指標なのだと思います。

「出世」「地位」「収入」といった尺度とはまったく別の人生の価値の尺度が、つまり「のんびり」「ゆったり」という豊かさの尺度がこれからクローズアップされてくると思います。そして、いったんそれを味わってしまうと、それを失うくらいなら、ほかの価値（「出世」「地位」「収入」といった価値）をあえて断念してしまってもかまわないと思えるほどの魅力、というか魔力があることはたしかです。

「地位・収入」と「のんびり・ゆったり（自由時間）」という二つの価値尺度。これをあえて比較すると、日本人のこれまでの生き方があまりに前者に傾きすぎてきたことは、確実です。〝だめ連〟の主張は、このバランスを回復するためのアンチテーゼの提示、という意味があります。〝だめ連〟というネーミング自体、なかなか挑発的でアグレッシブ。そう考えると、彼らの主張は、一見、キワモノ的で〝脱・社会〟的であるけれど、きわめてまっとうな、社会的な意義のあるもの。〝内・社会〟的な活動なのです。

†フリーター

とはいえ、〝だめ連〟のように、自覚的に〝脱力・自然体〟の生き方を選び取る人はまだまだ、ごく少数派です。

多くの若者は、否、若者に限らず、ひたすら働く生き方に違和感を覚え始めた多くの人は、その違和感をひきずりながらも自分ではどうしていいかわからず、また、社会から落伍するのが怖いから明確な選択もできずに、ただただ時代の空虚感に囚われ、無気力の海の中に引きずり込まれるようにして、自分の心を押し殺したように生きていきます。いわゆる大人たちの、そんな空気を感じ取った一部の若者たちは、まだ諦めるのは早いとばかりに、できるだけ就職を先送りにします。そして、とりあえずの身の置き所として、〝フリーター〟を選ぶのです。

厚生労働省によれば、一五歳から三四歳までのアルバイトまたはパートで働く人をフリーターと呼ぶことになっており、したがって四〇代のフリーターというのは、この国には定義上、存在しないことになります。また、学生や主婦などのパートタイマーも除かれ、一九九七年で全国に一五一万人、現在では約二〇〇万人のフリーターが存在すると見積もられています。

四年制大学の卒業生に限ってみても、そのうち実に約二〇%もの学生がフリーターになっているのです。「わが子には少しでもいい生活をさせたい、そのためには少しでもいい学歴を」と願い、不況の中、高い学費を払い続けてきた親にしてみれば、その結果がフリーターでは、「いったい、何のために、これまで……」といった気持ちになるのも当然でしょう。

しかも、リクルートフロムエーの調査によれば、フリーターの実数は、厚生労働省の報告よりもはるかに多いようで、全国で三四四万人とのこと。内訳を見ると、一五～一九歳が四二万人、二〇～二四歳が一四四万人、二五～二九歳が一〇四万人、三〇～三四歳が五四万人となっています（『フリーター白書２０００』）。

組織の一員として拘束されながら働くサラリーマンから見れば、フリーターというのは、いかにも気楽な立場に映ります。しかし、実際はそれほどお気楽ではなさそう。この不況の中、企業の採用姿勢が変わり、正社員の採用を減らして派遣社員など、割安の労働力を求め始めた現在、フリーターは「働かずに夢を追う人」のことではなく、現実には「正社員より安い賃金で働かされ使い捨てにされる人」となってしまった面があります。

フリーターたちに、フリーターをしている理由をたずねると、「自分のしたい仕事を見つけたい」などと答える人が多いのですが、最近のある調査によれば、フリーターをしていて「自分のしたい仕事が見つかった」と答えた人はわずか一三％。逆に、労働賃金の安さが身に沁みたなどと答えた人のほうがずっと多かったのです。

当のフリーターたちも、そのことはうすうす感じ取っているようで、それほど長く続けるものではない、という認識は持っているようです。フリーターを対象に「何歳までにフリーターをやめたいか」をたずねた調査によれば、「一八〜二四歳まで」が二八・九％、「二五〜二九歳まで」が三四・二％、「三〇〜三四歳まで」が一六・八％、「三五歳以上」が七・四％、無回答が一二・七％。平均で「二七歳までにはやめたい」と考えているようです（『フリーター白書2000』）。

このように見てくると、フリーターになっても得することは何もない、という現実が浮き彫りになってきます。アルバイトといっても、賃金をもらう以上、それなりに責任も負わされ、仕事もハードです。しかも、働いても働いても、年収は正社員には遠く及ばない。つまり企業が、正社員の雇用を減らしてコストを削減するためにフリーターを利用しているだけなのです。当然、将来の身分も不安定で、フリーターたちの悩みも深く、その対策として政府は公共の職業安定所にフリーター専門の相談窓口を設け始めました。相談者の中心は二五歳から三〇歳。若者の街・渋谷には、最近ヤングハローワークという、フリーターの若者の就職斡旋を主目的とするハローワークが登場し、かなり繁盛しているようです。

このような現状を見るにつけ、若者とつきあうことの多い私のような立場の人間は、「フリーターなんか、やめておけ」と説得すべきなのかなと思ったりもします。

しかし、それでもおそらく、大卒、高卒のフリーターが減ることはないでしょう。それは、先にも説明したように、若者たちの我慢の限界点、特に人間関係のフラストレーティブな場面におけるそれが、急激に低くなってきているからです。どれほど賃金が低くても、また使い捨てにされることがわかっていても、目の前の「死ぬほどイヤなこと」に耐えるよりは、まだマシだ。組織に拘束され、自由な時間の大半を削り取られ、つきあいたくない人間とも笑顔でつきあうなんて、まっぴらだ。そう感じている彼らに、いくらフリーターが損だと言っても、その言葉は届きません。年長世代から見れば、社会人として当然要求されるさまざまなことも、「死ぬほど厭なこと」に映ってしまうのです。

したがって私が心配なのは——カウンセラーとして彼らの立場に立ってみると——彼らの今後です。つまり、足を洗えるかどうか、が懸念されるのです。

期間限定付きのフリーターに関してであれば、私はかなりの程度、支持できると思っています。「必死で働くばかりが能じゃない」という彼らの感覚はよくわかるし、就職や卒業を多少先延ばしにして、自由な生活をエンジョイしておく、という考えも、個人の幸福や自己実現という観点から見れば、きわめて合理的な選択であるとも言えるからです。

しかし、「イヤなことはイヤ」と、組織や人間関係を回避してフリーターを続けるうちに、いつまでも就職できない状態に追い込まれてしまうことにはならないだろうか。主体的、選択的に「自由」を選んでいたつもりが、いつの間にか、就職したくても就職できない、そんな不自由な状態に追い込まれてしまうことはないだろうかと心配になるのです。そして、その最悪のケースの一つが路上生活者、すなわちホームレスになることです。

†ホームレス

先日、都内のある書店を訪れ、何か面白そうな本はないかと物色していたところ、「ホームレス」の文字が飛び込んできました。何と、「ホームレス」関連本のコーナー（！）が出来ていたのです。ホームレスの方にこういった本を買う余裕があるとは思えません。社会現象としてホームレスを研究しようという方がそんなにいるとも思えない。

この不況の中、上司から〝リストラ〟の四文字をチラつかされ、締めつけられている中高年のサラリーマンも少なくなく、そんな方々の中に、「いっそのこと、ホームレスになってしまえば」「ホームレスになって、この社会の〝外〟に出てしまえたら」といった潜在的な願望が働いて、ホームレスへの関心が高まってきているのだろうと思います。

といっても、それらの本を買う方の多くが実際にホームレスになることを考えているわけでもなく、いわば、読書を通して、「ホームレスになれたら」といった社会からの脱出願望を心の中でかなえることで、何とか社会の中で頑張っている方が多いのだろうと思われます。これは、きわめて健全なこころの働きです。といっても、この不況の中、実際にホームレスになる方も急増しており、厚生労働省が発表した昨年の調査（平成一三年九月末現在）では、全国で実に二万四〇〇〇人ものホームレスが存在するとのことです。

その一方で、最近、都内の公園などで生活している若者のホームレスが増えている、と言われています。特に渋谷あたりで、元フリーターの若い路上生活者が急増しているらしい。しかも、いかにもちょっとした理由でホームレスになっていく。たとえば、家にいるのがイヤになり、家出してきた一〇代の少女。最初、友だちの家やホテルを転々としていたのだが、持ち金も底をつき、泊まるところもなくなり、といってバイトも見つからず、公園で生活するようになったのだといいます。女の子らしく、それなりに小綺麗にしていて、これではパッと見では、公園で生活しているとは思えない雰囲気があります。

また、別の一〇代後半の男性は、予備校に通うために上京してきたが、受験に失敗。恥ずかしくて故郷に帰れなくなり、といってバイト収入だけではアパートの家賃も払えず、夜逃げするようにして公園で生活をするようになったといいます。

「その程度の理由でホームレス？」「親はどうしてるんだ？」と思われる方も多いだろうと思います。しかし、こうしたケースのほとんどにおいて、両親との関係がうまくいっておらず、親に泣きつけないような関係だからこそ、公園での生活を始めるのです。また、親たちの世代のリストラと一〇代、二〇代ホームレスの急増は、強い関連があるようです。『働かない人達』（三田詒智朗著　笠倉出版社）という面白い本があります。わけあって働きたくても働けなくなり、路上生活を余儀なくされた人。逆に、ひょんなことから、働く必要もないような大金が転がり込み、実際に働かなくなった人など、とにかく実際に働いていない人々の取材をして書かれたノンフィクションなのですが、いろいろな人生の縮図が垣間見えて、ああ人生ってこんな風に運んでいくのかと妙に感心させられました。

その中に、竹田さん（仮名）という二三歳の若いホームレスの方の取材記録が載っています。おおよそ、こんな内容です。

竹田さんは、現在、ある公園のビニールシートの中で生活。月に五、六日ほど日払いの仕事をしていて、仕事の連絡は携帯電話でつけることができます。書類上は、友だちの家を勤務先にしているから、携帯の請求書は友だちの家に届くのだといいます。たしかに臭いはするが、まったく働かないホームレスよりずっときれいな身なり。携帯電話を持っているホームレスというのが何ともユニークですが、稼いだお金の大半が携帯で消えていくというから、笑うに笑えません。

竹田さんは元々、予備校に通うために上京したのですが、入試に失敗して無名の新聞の折り込み求人広告制作会社に就職。しかし、あまりの激務に半年で会社を辞め、その後、アルバイトをするも意欲が減退し週に一、二回しか働かなくなり、家賃が払えなくなって逃げだすことになりました。その結果が、公園生活。故郷の親に泣きつかないのは、「親からウダウダ言われたくない」からだといいます。

竹田さんは言います。月に五、六日しか働かないですみ、食費さえ安くあげれば携帯代以外に金がかかることもなく、たまに銭湯に行くこともでき、馬券が当たれば風俗店に行くこともある。そんな今の生活は天国だ、と。暑さ寒ささえ耐えることができれば、へたに勤め人になるより、はるかに気楽で自由だ。二〇万、三〇万の給与しか貰えず、朝から夜まで死ぬ思いで働かされるサラリーマン生活に戻る気はサラサラない、と。

私はからだが弱く、風邪をひきやすいので、ホームレスには絶対なりたくありません。したがって、この話にもそれほどリアルには、共感することができません。けれど、こうした話から伝わってくるのは、会社員として我慢して働くぐらいなら、とホームレスを選択するほど、若者たちの「我慢の限界点」が低くなっていることです。

先程、フリーターについて述べたところで、若者たちがフリーターを志向するのは、タイトなスケジュールや、いやな人間関係に、耐えようにも耐えられなくなっているからだ、だから低賃金で損とわかっていても、アルバイト生活を選ぶのだ、と指摘しました。しかし、アルバイトの低賃金で生活できるだけのお金を稼ごうと思ったら、それなりにハードな勤務にならざるをえません。アルバイト先にも、気の合わない仲間がいるでしょう。つまり、アルバイトを続けること自体、すでに「耐える限界を越えている」と感じられることも、しばしばあるでしょう。

こんな時、どうするのか。親が健在で、親子関係がよければ、パラサイト（同居）し、脛をかじり続けることも可能でしょう。けれど、親がリストラにあっていたり、先程の竹田さんのケースのように、親との関係が最悪だったりした場合……ホームレスという過酷な運命が待っているはずです。そしていったん、ほとんど働かない怠惰な生活習慣がついてしまうと、生物としてのエネルギーそのものが低下してしまい、なかなか、もとの生活には戻れなくなってしまうのです。しかも、携帯を持っている竹田さんのような場合は別ですが、住所不定で連絡もつかない人が、就職先なりアルバイト先なりを見つけるのは容易ではありません。つまり、いったんホームレスになると、そこからの脱却は、社会的にも、また個人の習慣の問題からいっても、至難の業なのです。

しかし、「サラリーマンはイヤだからフリーターになる」という若者は増えています。それに伴い一〇代、二〇代のホームレスはますます増えていくだろうと予想できます。

†「労働至上主義」からの解放

こうした若い男たちの働く意欲の低下は、社会の生産性という観点から見ると、日本という国の経済力を左右する、きわめて由々しき事態に映るかもしれません。けれど私は、全面的にとは言えないまでも、こうした新たな動きに共感している自分を認めないわけにいきません。それは、こうした現象が日本人の労働至上主義とも言うべきイデオロギーを揺るがす効果をもたらしてくれるように思えるからです。

イデオロギーなき時代といわれる現代ですが、日本には今でも、私たちの思考と感情を暗黙のうちに支配している〝隠れたイデオロギー〟のようなものが、いくつか存在しています。ここで言う〝労働至上主義〟もその一つ。平たく言うとこれは、時間の許す限り、からだが健康な限り、「男なら、限界まで働くことがよきことだ」という考えを自明なものとするイデオロギーです。高度経済成長時代の残骸のようなこの考えが、平成不況の中で企業が余裕を失っていくのに伴って、また息を吹き返してきたかのように思えます。

†「ここまでやらなきゃ、男じゃない?」

具体的に説明しましょう。

私は仕事柄、教育関係者とのつきあいが多いのですが、先日、ある中学校教師と酒を飲んでいた時、次のような話を聞かされました。

彼は、組合関係の仕事もしていて、たいへん多忙な方です。帰宅時間も相当遅くなることが少なくないようです。ある日、仕事が終わって、彼以上に忙しい、組合の仕事の中心に位置している先輩教師と話をしていると、こう言われたといいます。

「最近、仕事が忙しくて、家族とほとんど顔をあわせることがない。家に着くのがいつも一二時近いから、一週間、まともに顔をあわせたことがない、なんてことも珍しくない。おかげで、休日に家でゆっくりしていて、妻や子どもと顔をあわせると、何か、バツが悪いんだ……」

たいていの方は、仕事中毒のいやな男だ、という印象を持たれたと思います。しかし残念ながら、今の日本では、この程度の忙しさは、まったく珍しくないのが現実。私の住んでいる千葉あたりでは、通勤にそれなりに時間がかかることもあり、帰宅は毎日午前様、という家庭は、そんなに珍しくありません。週に半分は会社で寝泊まりしている、なんて人も、そう珍しくはないと思います。だから先の話もそんなに特別なケースではないのですが、私の友人の教師がショックを受けたのは、その先輩教師からこう言われたからです。

「おい、山田。男ってのは、ここまで仕事をやらなきゃ、本物じゃないぞ」

家族を犠牲にしながら仕事をして初めて男は一人前。そんな先輩教師の言い分に、私の友人は、自分のこれからを案じてゾッとしたというのです。

「男ってのは、ここまで仕事をやらなきゃ、本物じゃない」という言葉。これがまさに、日本の男を縛っている〝労働至上主義〟という暗黙のイデオロギーの典型的なものです。

と、こんなふうに書くと、私自身はいかにもこのイデオロギーから自由であるような印象を持たれるかもしれませんが、決してそうではありません。知らず知らずのうちに、この観念に背後から突き動かされているのを認めないわけにいきません。

私がそれを痛感するのは、たとえば講演の依頼を受ける時などです。私は、自分で言うのも何ですが、大学教員としては平たい話が得意なほうで、それなりの数の講演依頼をいただきます。講演依頼の際、大体先方からまず、「この日は空いておられますか」と質問を受けます。それで、正直につい、「ええ、一応空いていますけど」と答えてしまうと、もう何か、引き受けるのが当然のようにみなされてしまう。引き受けないと、何か不義理をしたような、冷たい人間のように思われる雰囲気があるのです。

本来、空いている時間をどう使うかは私の自由であるはずです。何と言っても、私たち学者の本分は思索することであり、私の場合、カウンセラーとして人さまの悩みを聞くことも大切な仕事です。さらに、常に何冊かの本の執筆を並行して進めていますし、娘の友《ゆう》希《き》が今かわいい盛り（五歳）で、家族とのふれあいも大切にしたいし……。しかし、先方の話しぶりからは、「空いているなら、普通は仕事を引き受けるはず」という無言の圧力が伝わってきます。そしてそれにより、私の中の無意識の労働至上主義が触発され、「ええ。かまいません」と答えてしまうのです。

電話が困るのは、何かその場で即決しなくてはいけないムードになってくることです。「むこうも、私を捕まえるのに苦労しただろうな。また後で、なんて言うと、お気の毒だな」などと思うと、えい面倒臭いと仕事を引き受けてしまうのです。

こんなことがしばしばあるので、私は研究室の電話は一切取らないことにしています。それに、電話を取るようにしてしまうと、心理カウンセラーという仕事柄、「息子のことで相談が……」という依頼が殺到するようになり、研究室が電話相談室になってしまって、研究室にいても研究する時間が一切ない、という笑うに笑えない事態に陥ってしまうのです。そこで考えた自衛の手段が、電話は一切取らず、連絡はファックスのみ、という方法。メールのアドレスも、ごく親しい人にしか教えないようにしています。ファックスですと、仕事を引き受けるかどうか考える時間が持てますし、電話で仕事を依頼された時の、あの何とも気まずい雰囲気に圧迫されることもありません。自分のうちなる労働至上主義から、私はこうして身を守っているのです（そんなわけで、もしこの本を読まれて私に講演依頼をされる方がおられたら、くれぐれも電話ではなく、ファックスで)。

†日本人を苦しめる四つの暗黙のイデオロギー

「働けるなら、男は限界まで、働くのが当然」という暗黙のイデオロギー(労働至上主義)に私たちは、無意識のうちに縛られ、自分を不自由にしています。こうした暗黙のイデオロギーは、私たちのうちなる心のつぶやき(「もっと遊びたい」「自由な時間がほしい」……)を封殺する働きを持っています。そして自分のうちなる心の動きを無理に押さえ込んでいる人は、そうした心の動きを実現した他者を認めまいとする強い衝動に襲われます。

たとえば、金のため、妻子のため、そして社会から落伍するのが恐ろしいために、やりたくもない仕事を、何の喜びも生きがいも感じないまま、ずるずると続けてきた四〇代後半の男性がいるとしましょう。彼にとって仕事は、自己実現や生きがいとは何の関係もない。ただひたすら「生活のため」に仕事を続けている。そんな中年男性から見れば、今どきの若者たちの姿——就職しようと思えばできるのにあえて先延ばしする学生やフリーターの増加、若者ホームレスの急増など——は、どうしても認めるわけにいかない、許せない現象に映るでしょう。

今の日本には、この労働至上主義のほかにも、暗黙の、それがゆえに生活の隅々にまで行き渡って私たちの感情を支配している、いくつかのイデオロギーが存在しています。

一〇代から二〇代の若者を支配するのは、「一番大切なのは、友だち。友だちができない人は、人格的な問題がある」とする〝友だち（仲間）至上主義〟。その圧力にみなが苦しんでいるがゆえに、彼ら彼女らは、〝仲間〟以外の同世代には、恐ろしく冷たい。

同じく若者の価値観を支配するのは、「最も素晴らしいのは恋の体験である」という〝恋愛至上主義〟。その圧力にみながどこかで怯えているがゆえに、彼ら彼女らは、モテない（恋愛下手な）同世代の悩みには、理解を示そうとしません。

そして、三〇代、四〇代の多くが苦しんでいるのが、「家族こそ、最も大切なものである」という〝家族至上主義〟。このイデオロギーゆえに、男は「家族のために」と自分の欲求を抑えてひたすら働き、女は「子どものために」と自分の欲求を抑えてひたすら子育てにエネルギーを注ぎ込む。しかし、その圧力にみなが苦しみ、自分を無理に抑え込んでいるがゆえに、家族や子どもよりも自分の欲求を優先した人（たとえば、不倫のゆえに離婚した人）を過剰に揶揄したがるのです。

ざっとあげただけでも、すぐにこの四つが思い浮かびます。これら暗黙のイデオロギーに私たちは支配され、不自由になり、その結果、他者に不寛容になっているのです。

〝友だち（仲間）至上主義〟の問題は、『孤独であるためのレッスン』でくわしく論じ、その相対化を意図しました。本書第4、第5章では〝家族至上主義〟の問題、第6章では〝恋愛至上主義〟の問題を、そして本章と次章では、〝労働至上主義〟の問題をそれぞれ取り上げます。これら暗黙のイデオロギーからの解放を試みるのです。

第3章 「働かないシンドローム」の積極的な意味

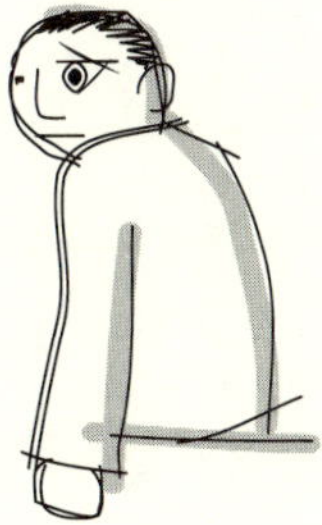

†働かなくてよくても、働きますか？

こんなことを想像してみましょう。

あなたに突然、数億円の資産が転がり込んできたとします。しかもその資産を誰か信用できる人にうまく運用してもらえるとしましょう。つまり、あなたやあなたの家族の「生活のため」には働く必要がまったくない状態を想像してほしいのです。そのような、あまりに幸運な状態が訪れたとします。そう仮定してみて、あなたはそれでも働き続けるでしょうか。

「当然、働くさ。しかも、今の仕事を毎日、続けるね。今の仕事こそ、私の天職。あの仕事を奪われるのは、私の生きがいを奪われるも同じだ」

もし、そんなふうに自信を持って言える方がいたら、その方は、（少なくとも定年までは）よほど幸福な人生を送っている、と言えるでしょう。幸福の女神に感謝しなくてはなりません。多くの方は、そう言い切れる自信はないのではないでしょうか。

私も、もちろん、ありません。では、私だったら、そのような状態に置かれたら、どうするか？　まだ若いので社会とはつながっていたいし、世の中の役に立っている、という実感もほしいので、何らかの程度、仕事は続けると思います。

ただし、講義のコマ数もずっと減らしたいし、会議にも出たくない……といったワガママを認めてくれる大学は現実にはないので、常勤の仕事はやめてパートタイムの仕事に切り換えると思います。しかも、とびきりやる気のある（さらに美人だと、もっといい）数人の大学院生しか教えなくてよいという極めて条件のいい授業しか引き受けないでしょう。あとは、年に数回の講演と、年に一冊の本の執筆と、そして何人かの非常に興味引かれるクライエントさんとの継続的なカウンセリングだけを引き受けて……。日数でいうと、週に二日だけ働いて、あとは趣味のような生活をする、というのが、理想でしょうか。そして、夏休み、春休みはタップリ三カ月ずつ取って、南の島でバケーション……。

どうでしょう。なかなかリッチな生活でしょう？

もちろん、現実にはこんなことはとても不可能。私の場合、夜間大学院の授業が夜九時まであったりするのが現実。したがって、先のようなことを想像しているだけでも楽しくなってきます。（もっとも、読み返してみて、現実とのギャップに、かえって落ち込みましたが)。

あなたなら、どのような生活を思い描きますか?

最近の若者たちの働く意欲の低下が気になっていた私は、千葉大学の授業でもたずねてみました。条件設定は先とまったく同じ。つまり、自分や家族の「生活のため」には働く必要がまったくない状態を仮定します。その上で、次のいずれかを選択してもらいました。

ⓐフルタイムの仕事に就く。毎日、しっかり働きたい。ⓑ働いたり、働かなかったりする。日数も自分で自由に選べるし、やめたくなったら気軽にやめて、働きたくなったらまた働き始める。気儘な生活。ⓒまったく、働かない。趣味だけして、過ごす。

結果は、ⓐを選んだ学生が、二八・六%。つまり、三、四人に一人の若者は、「生活の必要」がなくてもきっちり働きたい、と思っているのです(ただし、男子学生には、この答えを選んだ者は一人もいませんでした)。理由をたずねると、「どうせ仕事をやるなら、きちんと仕事をまっとうしたいから」「中途半端なことはしたくないから」といった答え。教師としては、こんなまっとうな答えを返してくれる学生が数人でもいれば、ホッとするものです。この講義がおこなわれたのは教育学部、つまり将来学校の教師を志望する学生たちの集まる教室においてです。「えらい。教員という激務は、それくらい労働意欲がないと勤まらないぞ」とハッパをかける私(ただ、私には、真似できないけれど)。

次に、ⓑを選んだ学生は最多の六一・九％。つまり、三人に二人の若者の労働意欲は、私と同程度。理由をたずねると、「仕事はしていたいし、社会ともつながっていたい。誰かの役にも立っていたい。けれど、自分の父親のような、ただひたすら働き続ける、という生活は、必要に迫られなければしたくない」とのこと。とても納得できる答えです。

そして、ⓒを選んだ学生は、九・五％。理由をたずねると、「自分には、熱中できる趣味があるので、お金を稼ぐ必要がないなら、趣味だけをして一生すごしたい」「働くの、好きじゃないから。なまけものなんです」といった答え。これもまあ、わかる答えです。

†「自分に正直に生きる」という価値観

千葉大学の授業では、この後ディスカッションに移りました。そこでわかったのは、ⓑの「働いたり、働かなかったり」を選んだ学生の幾人かが、「生活が困窮しない」という条件のもとで、可能な限り、ⓑ型の労働スタイルを、想像の中でではなく現実の生活において実現しようとしている、ということでした。

そして、そんなふうに答える学生には、何とも言いようのない、少し脱力した雰囲気が漂っているのです。自分とうまくつきあうことのできている人に特有の、気張りや力みのない自然体の、自分にも他人にもナチュラルに優しい、あの空気が漂っているのです。

そして、そんな学生の一人と話をしていると、彼もまた、大学を卒業してもすぐに就職する必要は感じない、とのこと。しばらくはアルバイトをしたり旅をしたりしながら、自分を見つめながら生きてみる。そして本当にやりたいことが見つかったら、とりあえずその仕事に就いてみて、嫌だと思ったり本当にしたいことが別にあると思えば、いくつかの会社や仕事を変わりながらやっていきたい、時にはまたフリーターに戻ってもいいと思うと、ほんとうに力みのない、自然な脱力感で語ってくれるのです。この学生にたずねてみました。

私「そうした生き方は、とても自然でいいと思う。でも、それは、君たちのお父さんたちの労働に対する構えとは、ずいぶん違うよね。何が一番違うんだと思う？」

学生「生きていく上で大切なのは何か、という価値観が違うんだと思います。親父たちの世代は、より大きく、より速く、と効果や効率ばかりを目指した世代ですよね。金銭や地位を少しでも上に、上に、と絶えず上昇を目指し続けていたと思う。でも、僕たちは、金銭や地位の上昇とは異なる価値観を大切にしたいと思ってるんです」

私「それは、どんな価値観？」

学生「うーん、そうですねえ、『自分に正直に生きる』という価値観、でしょうか」

「自分に正直に生きる」という価値観。私は、いいと思います。

そして重要なのは、こうした言葉が、何らかの思想やイデオロギーに影響されてではなく、ごくふつうの、マンガ以外にはあまり本も読まないような今時の男子学生たちの〝生活実感に基づく言葉〟として語られるようになった、ということです。金銭や地位よりも、自分に正直に生きることのほうが、大切。そんな考えがきわめて当たり前のこととして、何の力みも気負いもなく、ごく当たり前に語られている、ということです。

†多重アイデンティティ

私自身、かつて高度成長的な〝労働至上主義〟の価値観に囚われているところがありました。男子学生のこうした話を聞くと、少し前までは、「情けない。国立大の、しかも元一期校（懐かしい言葉！）の男子学生が卒業する前から、なんで『卒業してもしばらく働きません』なんて言うんだ。最近の若い男は、気合が入ってない」などと思っていたのです。

たしかに気合は入っていないかもしれませんが、最近私は、「これはこれで、きわめて自然体の、賢明な、大人の生き方だ」と考えるようになってきました。

そのきっかけになったのは、サラリーマンの仕事上の悩みを専門に聴いている、あるカウンセラーの事例発表を聞いてからです。その方の話によると、会社と自分を同一視していたり、仕事と自分を同一視してその仕事に自分のすべてを賭けてしまっているような人は、仕事に失敗したり、部下の仕事の失敗などのせいで左遷されたり、リストラの危機に見舞われたりした時、かなり重い精神的ダメージを受けて立ち直れないことが多いというのです。一方、仕事のほかにも趣味を持っていたり、この仕事がダメなら別の仕事も可能性としてはありうる、といった構えが多少でもある人は、致命的なダメージを受けるには至らない、といいます。

つまり、終身雇用制、年功序列制がもはや立ち行かなくなったこの社会では、たとえ自分に非はなくとも、いかなる事態が待ち受けているかは、わからない。このような不安定で流動的な社会では、かつては美徳とされた「会社が命」「仕事が命」「会社と私は運命共同体」という構えは、あまりにリスクが大きすぎる。自分をたった一つのアイデンティティに限定しすぎないほうがいい。むしろ、いくつかの仕事の可能性、いくつかの人生の可能性に開かれ、それを意識的に取捨選択できるような生き方、多重的なアイデンティティに開かれた生き方をするほうが賢明である、というのです。

企業社会では、こうした考えは、もう常識になりつつあるのではないでしょうか。

これは、決して不真面目な生き方でも、勤務態度に真剣さを欠く姿勢でもありません。

もちろん、目の前の仕事には全力を尽くす。現在の可能性には、しっかりハマる。しかし、ハマると同時に、そんな自分をどこかで見ている自分も意識する。自分に残されたほかの可能性も意識し、それを今の仕事に生かす道はないかと探る。つまり、ハマりつつ、どこか醒めた意識を保つ。醒めつつも今の仕事にハマる。そんなしなやかで、したたかな生き方が、これからの社会で生き残っていくためには必要になってきたのです。

†「定常型社会」での新たな生き方

一つの可能性に自分を限定してしまうのではなく、いくつかの可能性に開かれた生き方。そんな生き方が必要であることは、多くの中高年も「頭では」既に理解していることでしょう。会社一筋で生きてきた男性のたどる哀れな末路は、「濡れ落ち葉」などの言葉でじゅうぶんすぎるくらい揶揄されてきたからです。しかし現実には、なかなか意識を変えるのは難しい様子。一方、最近の若者たち（の一部）は、こうした生き方の必要性を実社会に入る前にからだで感じつつあるようです。

彼らの生き方が、これからの社会に適応しようとする時の、自己表現の一つの形でありうる、と私が確信を持つことができたのは、同じ大学（といっても学部が違うので面識はないのですが）に勤務されている広井良典さんが提示されている「定常型社会」というコンセプトを知ってからです（広井良典『定常型社会――新しい「豊かさ」の構想』岩波書店）。

「定常型社会」とはいかなる社会なのか、広井さんの説明を紹介しましょう。

では、私たちがこれから迎えようとしている社会あるいは時代は、いったいどのようなイメージのものとして描きうるのだろうか。ここで筆者が問題提起の意味を含めてまず提案したいのは、「定常型社会」という基本コンセプトである。「定常型社会」とは、さしあたり単純に述べるならば、「(経済)成長」ということを絶対的な目標としなくとも十分な豊かさが実現されていく社会ということであり、「ゼロ成長社会」といってもいい。これからの日本の本質は、まずもってこの「定常型社会」ということに集約されると筆者は考えている。(i―ii頁)

私たちは漠然と、豊かな社会を築くためには経済成長が不可欠だ、というイメージを抱きがちです。しかし、広井さんは、豊かさを実現するのに経済成長は不可欠ではない、「ゼロ成長社会」でもじゅうぶんな豊かさは実現しうる。そんな社会を「定常型社会」と言い、これからの日本はまさにそのような社会をこそ、目指すべきなのだというのです。

なぜ、そう言えるのか。今の日本は、経済成長の究極の源泉である需要そのものが飽和状態に達しつつある。また、高齢化および少子化の動きにともなって、人口そのものが二〇〇七年をピークに減少に転じ、労働人口もかなり減少する。さらに資源や自然環境の有限性、という問題もある。これらのことから、経済活動それ自体の持続性ということを考えても、経済の規模の「定常性」が要請されるのだと広井さんは言います。私たちは、これまで、「成長し続けなくてはならない」という観念に囚われ、あまりにも多くのムダなことをしてきた。「定常型社会」をコンセンサスとし、成長への囚われから解放されることにより、これらのムダを排することができると共に、物質的な富の総量を一定にし、量ではなく「質」の変化を享受できる社会へと変わっていくのだ、と。

私が、なるほど、と思ったのは、「定常型社会」とは「(経済の)量的拡大を基本的な価値ないし目標としない社会」(前掲書一五二頁)であり、「時間の消費」にこそ最も大きな充足と喜びとを見出す社会のことである、というくだりです。

私は、講演などの場で聴衆に、「あなたにとって一番大切なものは何ですか」とたずねることがしばしばあります。すると、モノをあげる人は皆無であるのに対して、「自分」とか「自分の時間」と答える人は結構多いのです。欲しいモノはたいてい、手に入るようになった。けれど、時間はなかなか思うようにならない。最も欲しいもの、大切なものは「時間」だ、というのは、多くの現代人の実感ではないでしょうか。

けれど、今の日本社会は、いまだに単位時間あたりの物質やエネルギーの消費量こそが豊かさの指標である、という旧態依然とした〝経済成長〟観から脱却できずにいます。こうした考えは、経済活動が主として生物学的ニーズの充足にかかわっている段階では妥当性がありますが、時間的なスピードの速さや変化そのものが消費の対象となり、生物として生きていくのに必要な約四〇倍（！）ものエネルギーを消費している（前掲書一四九頁）現代の日本社会では、妥当性を欠いています。広井氏も言うように、いまの日本社会は、どこか「歩くスピードが速すぎる」のです。「経済成長率」が落ちるということが「（生きていく）スピードをちょっとゆるめる」ことにすぎないのであれば、それはむしろ歓迎すべきことに違いありません。

さらに広井氏は、「時間の消費」が中心となるこれからの時代は、公共事業などに政府がお金をかけるよりは、たとえば「国民の祝日」を倍にするといった、金のかからない政策をおこなうほうが、労働時間短縮も可能となる上に、はるかに「消費拡大（ないし需要拡大）効果が大きい可能性がある」と、大変もっともな提案をされています。

私がむしろ驚かされたのは、このような、誰もが納得しそうな広井氏の提案に対し、四〇代前半以降の比較的若い世代は理解を示し、「『成長』すれば豊かになるとは思えない」「日本は『成長』という目標にとらわれすぎているのではないか」といった反応が返ってきた一方で、五〇代半ばの、いわゆる〝団塊の世代〟と呼ばれる人々は、おおむね、「定常型社会」という発想そのものに否定的な見解を示し、中には強い抵抗感を示す人も少なくなかった、ということです。いわく「ゼロ成長社会などありえない」「人間は『成長』や新たなものを追求し続けるからこそ生きがいをもって生活できるのだ」……。

広井氏の提案に対するこうした世代間の差を知って、私はあらためて「日本人にとっては『経済成長』あるいは『物質的な豊かさの追求』ということがほとんど〝信仰〟とでも呼べるような絶対的な目標となり、経済やシステムや企業、学校、社会の制度ひいては人々の価値観までが、その目標に向かって一元的に編成されてきた」ということ、したがって、そうした時代のただなかを走りぬけてきた団塊の世代の人々にとって、「物質的な豊かさ」や「富の追求」が、生きていくにあたって有無を言わせぬ動機づけとなり価値となっていたということ（前掲書一八六頁）を、端的な事実として思い知らされました。

†「働かないシンドローム」が持つ積極的な意味

広井氏の「定常型社会」というコンセプトをもとに、前章から述べてきた若者たちの働く意欲の低下を改めて見直すと、次のように言うことができます。

今、世の中は経済成長を目標とする社会から、成長を目標としない「定常型社会」、物質やエネルギーの消費量を豊かさの指標とする社会から、どのように時間を消費するかを豊かさの指標とする社会へと、徐々にシフトしつつある。それに伴って、現代人の生き方も次第に変化しなくてはならない。そうしなければ、時代に適応的に生きていくことはできない。しかし、現実には今の日本は、「成長に代わる価値」をいまだに見出せずにいる。団塊の世代は、従来どおりの「成長」に固執し続けているし、それに疑問を感じる若い世代も新たな目標を明確につかんではいない。

若者たちの〝働かないシンドローム〟は、こうした時代の変化と、それに適応しきれずにいる現代人とのあいだに生じた不適応現象のひとつであると考えられるのです。

いや、もう少し積極的に、こんなふうに言うこともできます。端的に不適応に陥っているのはむしろ団塊の世代のほうであって、若者たちの働く意欲の低下は、彼らなりにこの時代の空気を感じ取り、もっと自然な生き方を模索しながらも、それをうまく形にできずにもがいていることの表れ――適応への努力――なのである、と。フリーターが増加し、就職を遅らせる若者が増えたのは、輝く未来が見えにくいこの時代の中で、世の中から落ちこぼれまいとひたすら働き続けるだけの生き方にどこか違和感を覚え、拒否感があるからであって、その積極的な意味に焦点を当てて理解することもできるのです。

それがゆえに、いまの若者たちは、ただやみくもに働き続けるだけの生き方に、とりあえず距離を置こうとしている。そんな若者たちも、「では、どうすればいいのか？」と問われれば、答えに窮してしまうのですが、まずは「やみくもに働き続ける生き方」から「降りる」ことはできるし、またそこからしか何も始まらない。「降りた後、どうするの?」とたずねられれば、呆然と立ちすくむほかないが、それでも「降り」なくてはまずい気がする。若者たちの、そんな気分の表現の一つが、「働かないシンドローム」であるように思えるのです。

†孤独である勇気

では、これからの時代、男たちには、どういう生き方が求められるのか。

私が何よりも強調したいのが、孤独になる勇気、一人になる勇気です。もちろん、日本人の場合、男性に限らず女性でも、一人になるのはたいへん苦手です。他者の目を気にし、集団の同調圧力に屈して、ほかの人と同じ色に溶け込もうとせざるをえなくなるのです。

それでも、私が大学などで見ていますと、女子学生のほうがはるかに、〝自分〟を生きようという意識が強い。友人とは違う自分らしい人生を見つけたい、自分らしく生きるのにふさわしい職業を見つけたい、という志向がはるかに強いように感じます。

もちろんこの不況下で、女性の就職は困難をきわめており、それだけ危機感を持たざるをえない、ということもあります。一方、多くの男子学生は危機意識が希薄で、大学の中でも、いつも同じ友人とベタッとくっついていることが多い。就職にしても、女子学生には「友人とは異なる自分の個性を見つけよう」という意識が強いのに対して、男子学生には「みんなと同じでいたい」という志向が強く、絶えず友人と生活を共にすることで不安を打ち消しているように思えます。できるだけほかの人と同じ路線に乗っていたい、という志向が強く、自分で自分の生き方を見つめよう、という姿勢が弱いのです。

これまで、ほかの人たちに負けまい、遅れまい、とすることに全力を注いできた男たちに、ほかの人と異なるのを恐れるな、自分らしく生きる勇気を持て、と言うのは少し酷かもしれません。けれど、まず、一人にならなくては、孤独である勇気を持たなくては、自分らしい生き方を模索することもできないのです。

では、どうすればいいのか。生活のスピードをスローダウンさせることから始めてもいいでしょう。先にも述べたように、経済成長志向の生活の本質はスピードアップにあります。男たちは世のなかの（ほかの男たちの）流れから取り残されるのを恐れて、ひたすら忙しい生活に精を出してきたのです。ですから、〝みなと同じ〟から外れて孤独になる勇気を持つために、まず、自分の生活を可能な限りスローダウンさせてみるのも一案でしょう。

一人になること。そして、自覚的かつ主体的に、みずから生活をスローダウンさせていくこと。その中で、自分はこれからどう生きるのかを見つめること。ここからしか、男たちが、自分と社会との新しいかかわり方を見出すことはできないと思います。

†刺激とスピードに依存した社会

私たちは「さらに速く、さらに刺激を」と追い求めているうちにスピードや刺激に慣れてしまい、少々のことでは何も感じなくなってしまいます。すると、さらに刺激を求め、スピードアップしていかざるをえなくなります。つまり、刺激とスピードが自己目的化するのです。現代社会はこのような、刺激とスピードにアディクション（嗜癖＝依存症）をおこしてしまった社会です。そのため、少々の刺激では何も感じなくなってしまい、一人一人の内面では漠然とした空虚感が支配するようになるのです。

たとえばテレビドラマなどがいい例です。三カ月単位で、これでもか、これでもかと強い刺激と興奮を視聴者に与えつづけます。それによって視聴者を引きつけるわけですが、慣れっこになってしまった私たちは、もう少々の刺激ではエキサイトしません。後述するように、最近の高校生、大学生などの恋愛期間が極端に短くなっています。三カ月サイクルで恋人が変わるある女子学生は「テレビドラマだって三カ月で終わるじゃないですか。恋の刺激って三カ月しか持たないんじゃないですか」と言っていて、こちらは驚かされました。

また、ここ数年、小学校でも、中学校・高校でも、落ち着きがない子ども、勉学に集中できない子どもが増えていて、それが学級の荒れなどの原因ともなっています。なぜ、落ち着きのない子どもが増えているのか？　その原因は、食生活が変化したからだとか、幼稚園の教育方針が変わったからだとか、さまざまに指摘されていますが、私の見るところ、子どもたちを取り囲む環境そのものが、落ち着かなくなっているのではないでしょうか。たとえば子どものアニメにも、絶えず刺激的なシーンが挿入されています。こうした環境の変化が、子どもたちが落ち着きをなくした最大の要因であるように思うのです。

刺激とスピードを追い求める社会では、絶えず忙しくして強い刺激を求め続けることが自己目的化してしまいます。この、刺激とスピードにアディクトした状態から、いったん〝降りる〟こと。生活をスローダウンさせ、刺激から自分を遠ざけること。そうしなくては、私たちは、自分を見つめる機会すら持てないのです。

†まず社会から降り、どう生きるか構想せよ

といっても、私は何も、退屈で怠惰な生活を奨励しているわけではありません。ゆったりした生活それ自体が目的であるわけではありません。生活をスローダウンさせる中で、

自分と社会のかかわりをじっくり見つめてみてはどうか、と言っているのです。

そうしなければ、社会はこれ以上「成長」することはないのに、さらにアディクティブに、自己目的的に、刺激とスピードを求め続けざるをえなくなっていく。そして、社会全体が目標を見失い疲弊していくのと同時に、私たち一人一人も目標を見失い、何のためかもわからず忙しくする生活を強いられ、疲弊していかざるをえなくなるでしょう。

そうならないためには、まずはいったん、社会から「降りる」ことです。いろいろなしがらみや人間関係をいったんは「捨てる」覚悟をする。そして、社会から「降りる」。これはなかなか覚悟のいることですが、いったん降りてしまえば、人生にとって本質的な何かを取り戻していく感覚を味わうことができるはずです。そして、自分はほんとうは何をしたいのか、どう生きるのか、自問自答してみることです。平たく言えば、「社会のために生きるのをやめて、自分のために生きる」ということです。

とはいっても、多くの男たちは、社会から降りた後、自分に「したいこと」が何もないことに気付いて愕然とするはずです。「これまでひたすら、社会のため、家族のためにと頑張ってきて、自分が何をしたいかなんて考えてこなかった。いきなり、そんなことを求められても困る」と困惑する方もいるでしょう。しかしこれは、これまで日本の男たちが人生について、いかに考えてこなかったかを示しています。世の中の流れに従うだけで、意識の低い人生を歩んできた、といってもいいでしょう。

でも、もう限界。そろそろ男たちも、自分がどう生きるかを自分の頭で考えざるをえなくなってきています。意識を高めざるをえなくなっているのです。

意識の高い生き方、といっても、何か崇高な生き方を目指せと言っているわけではありません。社会全体で目指す目標を新たに探し出せ、と言っているわけでもありません。おそらく「定常型社会」では、社会全体で目指す「大きな物語」を共有することはないでしょう。そうではなく、個々人が、自分にとって大切な「小さな物語」「小さな可能性」の実現に取り組んでいくようになるはずです。

すでに、そういった兆候は生まれつつあるようです。最近、三〇代後半から四〇代半ばの男たちが、子ども時代の趣味に回帰し、ゲームセンターに入り浸ってゲームで遊んだり、プロ野球カードの収集、カブト虫やクワガタの採集、ぬいぐるみの収集、七〇年代のプラモデルの収集などに熱中し始めている、というのです。

「いい年齢の大人の男が……情けない」と嘆きたくなる方もおられるかもしれません。しかし、大きな物語を描けなくなった現代社会では、かつてのように、仕事の中で大きな達成感を手に入れるのは困難です。そんな中、中年男性たちが「自分だけの小さな物語」「自分だけの小さな達成感」を手にしようと、かつての趣味に回帰し始めたのだと考えることはできないでしょうか。もっとも中には、あまりに熱中しすぎて仕事を放り出してしまうケースもあるようで、こうなると笑い話ではすまされませんが。

†〝速さ〟〝多さ〟から〝深さ〟の次元へ

これからの男性に必要な生き方として、孤独に耐える力を持つこと、社会のためにでなく自分のために生きること、そして、自分が何をしたいのか、意識の高い生き方をすること、といった点をあげてきました。これらに加えて、もう一つ、これからの男性に必要なものとして、〝深さの次元〟で生きる、ということをあげておきたいと思います。

経済成長を優先させてきたこれまでの日本社会は、〝速さ〟（効率）や〝多さ〟（量）といった「水平的な価値を尺度にした社会」でした。それは、拡大や前進、上昇といったことが重視され、男性の持つ攻撃性、狩猟性が発揮されることで活性化することができた社会です。

一方、成長を目的としない「定常型社会」で必要とされるのは、そうした拡大や前進、上昇に価値を置いた社会からあえて自覚的に「降りる」こと、そしてその地点から〝深さの次元〟へと、深く、深く、潜っていくことだと思われます。

〝速さ〟や〝多さ〟といった水平次元の尺度が、物質やエネルギーの消費にかかわる尺度であったとすれば、〝深さ〟という垂直次元の尺度は、精神的な尺度です。二一世紀は「こころの世紀」だと言われていますが、「定常型社会」とは言わば、生きるための前進や拡大を必要としない時代。そこでは、毎日のさりげない出来事を豊かに味わいながら生きる力が求められます。哲学や宗教、カウンセリングなど、人生を深く味わいながら生きるための学問がさらに求められるようになるでしょう。

しかし、「自分を生きる」「運命を生きる」などのテーマで、これまでさまざまなワークショップの講師を務めてきた私の経験では、男性参加者はとかく「自分」を感じるのが苦手。たとえば、イメージワークをおこなっても「何もイメージは出てきません」、からだの実感を味わうワークをおこなっても「何も感じません」という方が少なくありません。少しセンスのいい方ですと「私は、自分を感じるのが怖いんです」とおっしゃる。これは、これまで男たちが、自分の情緒とか身体といったものを「無駄なもの」「余分なもの」として切り捨ててきたことの帰結ではないでしょうか。

これから男たちは、「自分」を生きるため、「深さ」の次元を生きるために、これまで切り捨ててきた「余計なもの」「無駄なもの」を取り戻し、大切に育んでいくことに多大なエネルギーを注いでいかなくてはならないでしょう。

第4章 家庭に〝居場所〟がない男

✝家族の中で一番、大切な人は？

中年男が最も強くさみしさを感じる場。それは、何といっても、家庭です。本来、〝家庭の温もり〟を感じていいはずの場だとの思いがよけいにそうさせるのでしょうか。傍から見れば、とてもいい夫であり、とてもいい父のように思える方が、話をしてみると、家族の中で強い寂寥感を抱いていることがわかって驚かされることがあります。

「いつも仕事で忙しくて、家族と話をする時間もあまり持てないんです。たまに家でゴロゴロしていると、何となく居心地が悪くて仕方がありません。妻や娘のほうも、やりにくそうですし……」などと言うのです。

同じように、多くの中年男性が口にするのは、「妻から愛されていると思えない」という言葉。子どもが生まれれば夫への愛は冷めるのが当然、というのです。

実際、三〇代、四〇代の頃は、仕事に忙しくて家庭をほとんど顧みる暇もない、という男性が少なくありません。加えて女性のほうも、自分の仕事や社会的活動、それに子育てで忙しく、夫のことにあまり気持ちが向きにくくなるのです。これでは、二人の間の心理的距離がどんどん広がっていくのも無理はありません。

私も、講演の中でよく、「あなたの人生で、最も大切な人は誰ですか」とたずねることがあります。三〇代、四〇代の女性で「夫」と答える人はごく僅か。逆に、「妻が一番大切」と答える男性は決してめずらしくありません。けれど五〇代、六〇代の聴衆が多い時には、「最近、はじめて夫のことをいとおしく思えてきました」「やっぱりつらい時に私をほんとうに支えてくれたのは夫でした」などと、夫に対する愛を訴える女性が少なくありません。日本の女性が夫に対する愛を実感することができるのは、新婚時代を除けば、五〇代も半ばを過ぎてから、というケースが珍しくないようです。

よく「粗大ゴミ」などという言葉を聞きます。三〇代、四〇代の男は、家族の中で疎んじられても仕方のない存在なのでしょうか。

†大切にしてほしいのに、してもらえない

三〇代から四〇代までの、いわゆる中年男性約一〇〇名に「あなたが、男として生きてきて、最も強くさみしさを感じるのは、どんな時ですか」とアンケート調査をしたことが

あります（二〇〇一年八月実施）。さまざまな回答がありましたが、やはり抜群に多かったのが、家族の中での孤立を訴える回答でした。いくつか、拾っていきましょう。

- 「この家は父親なしでも結構やっていけるんだなあと思った時」（40歳）
- 「子どもが『みんなでご飯を食べた』と言うとき、その『みんな』の中に自分は数えられていないことに気づいた」（42歳）
- 「中2の娘と小6の息子が、私を避けて話をしてくれない」（41歳）
- 「中3の娘から『パパはきたない』と言われた」（42歳）
- 「妻と子どもの会話に入っていけないこと」（44歳）
- 「共稼ぎなのに、妻から小遣いをもらわなくてはならないこと」（43歳）
- 「自分の家庭での役割は、給料を運ぶだけだと感じた時。ふだん、家事も育児もかかわっていないので、わからない」（31歳）
- 「以前は子どもたちの前で『お父さん、ご苦労様』と言われて小遣いを手渡されていたが、妻も働き始めてから、給料日に黙って机の上に置かれるようになった」（41歳）
- 「仕事のことを話しても妻に理解してもらえない」（41歳）
- 「休みの日、邪魔者扱いされた時」（30歳）

・「家族に弱音を吐いて心配をかけたくないので、家で飼っているワンちゃんに愚痴を聞いてもらっている」(49歳)

・「家に帰って、風呂のお湯が少なくなっていた時」(42歳)

・「男は、家族を守るために生きている、という責任がある。そのプレッシャーを感じる時、男であることがつらくなる」(43歳)

いかがでしょう。「もっと大切にしてほしい」という男たちの切ない叫びが聞こえてくるようではありませんか。男たちは、自分のプライドを妻や子どもに大切にしてほしい、つまり「立てて」ほしいと思っているのです。

仕事でエネルギーを使い果たし、プライドをズタズタに引き裂かれて家に帰る。そんな男にとって家庭は憩いの場であり、エネルギーを補充しプライドを立て直すことのできる場でした。けれど、今では下手をすると、さらに攻撃を加えられ、エネルギーを奪い取られます。こんな時、家庭の中に、自分の「居場所」はない、と感じられるのです。

こんな男たちの姿を見て、女性たちからもしばしば「男がかわいそう」といった声があがります。けれど彼女たちは、同時にかなり辛辣。「男はみずから首をしめているところがある。メンツや男らしさにこだわって、苦しくても、助けを求めてこない。自分はお金さえ入れておけば、家族の一員になれると思っているんでしょ。でも、もう遅いわ」などと非難の声を浴びせるのです。

†帰宅拒否症候群

こんな男たちの〝居場所の無さ〟を端的に示す現象が、少し前によく話題になった〝帰宅拒否症候群〟です。〝帰宅拒否症候群〟とは、帰宅時間になっても自分の会社を離れようとしない、仕方なく会社を後にしてからも飲み屋や喫茶店、公園などで時間をつぶして、なかなか家の中に入っていけない夫たちの問題を示した言葉です。ひどい場合には、近所の安ホテルが定宿になっていたり、土日で仕事がない日でも仕事があるふりをして出社してしまうことがあるようです。

なぜ、こうなってしまうのか。会社では、中間管理職になって部下と上司の板挟みにあって苦しむ。あるいは、上司から馬鹿にされたり、部下から無視されたりする。左遷されエリートコースから外されたり、英会話やコンピューターができない、などさまざまなストレスに苦しめられる。そんなつらさ、苦しさをわかってほしいのが家族なのに、プライドがあるから、それを見せられない。それどころか、家族から無視されているように思えたり、妻と子どもからいっしょになって「臭い」「汚い」などと言われて馬鹿にされたりする。仕事で傷つき、疲れ果てているところに、家庭でさらに追い討ちをかけられ、エネルギーを奪い取られてしまうわけです。そうすると、文字通り、家族の中で居場所を失い、帰宅できなくなってしまうのです。

この問題から透けて見えるのは、「俺は、家族のために、これだけしんどい仕事をし、それでも耐えているのだから、もっと俺を大切にしてほしい。立ててほしい」という無言の要求と、それを無視されたことによる挫折感の大きさです。

先のアンケートでは、「お父さん、ご苦労様」と小遣いを手渡してもらったことが働くエネルギー源となっていたことがわかる回答がありました。実際、この帰宅拒否症候群の治療法に、給料を銀行振込制から〝手渡し制〟にする、という方法があります。家族の前で給料を渡すことで、家族の経済的な柱が自分であることを確認し、自信を取り戻すことができるのです。

〝帰宅拒否症候群〟に限らず、自分の男としてのプライドを家族が大切にしない（立ててくれない）ことによって傷つくタイプの男は、その前提として「男は外で働き、女は家を守る」という古い価値観に縛られている人が多いようです。実際、九二年におこなわれた調査（総務庁青少年対策本部編「世界の青年との比較からみた日本の青年　第五回青年意識調査」一九九四年）によれば、「男は外で働き、女は家を守る」という価値観に賛成の割合が、イギリス七・三％、ドイツ一一・二％、アメリカ一二・五％に対し、日本は三二・九％にも上るのです。これは、フィリピン（五七・四％）、ロシア（五六・九％）に次いで高く、保守的と言われる韓国（二二・五％）よりもはるかに高い数字です。

最近もこうしたステレオタイプの考えは減少するどころか増加する傾向にあるようです。不況の影響からか、妻に「家を守ってほしい」と期待する夫は、一九九六年の四二％から二〇〇一年には四六％に増加。妻に「夫の言うことに逆らわないでほしい」と答える人も増加しています。逆に「家族の誕生日等はいっしょに過ごす」と答えた夫は九六年の四九％から三七％に減少している（くもん子ども研究所による調査、二〇〇一年）といいますから、不況の中、危機的状況に追い込まれていく夫たちが古い役割意識にしがみつく様子が伝わってきます。そして、妻や子どもは夫を立てるべきだという思い込みが強くなる分、その期待を裏切られた時の心の傷も、ますます深くなるのです。

しかし、〝大黒柱の権威〟を家族に誇示することで、夫の自信をとりあえず回復することができるのならば、私は、給料を手渡し制に戻してもいいのではないかと思います。そして、できれば徐々に、給料の管理も夫がするようになるといい。周知のように欧米では、夫が家計を握っている場合が多く、このことが夫の精神的自立にも一役買っているように思えます。したがって、給料を夫の管理下に置くことは、日本の男性の精神的自立を促すものとして、一考の価値があると思われます。

†三〇代、四〇代はロバの時代

それにしても、なぜ日本の男、特に三〇代から五〇代前半ぐらいの男性は、「気がついたらいつの間にか、家族の中で居場所を失っていた」というほど忙しくしなくてはいけないのでしょうか。グリム童話『寿命』に、次のような、何とも興味深い話が載っています。

天地創造ののち、神様は寿命としてすべての生き物に三〇年をお与えになった。ところがロバは、荷物運搬動物としてのわが運命をいやというほど悟っていたので、もっと早く重労働から解放していただきたい、と願い出た。そこで神様は一八年、短くしてやった。犬は老齢を恐れて、三〇年から何年かさっぴいてほしいと願った。そこで神様は了解し、一二年短くしてやった。猿もまた老齢をいやがり、もっと短くしてくれと頼んだ。神様は親切に一〇年短くしてやった。最後に人間が現れた。男も女も三〇年では満足せず、もっと長い寿命をねだった。そこで神様は人間にはロバの余りの一八年を与えてやった。人間はそれでも満足せず、もっと寿命をほしがったので、神様は犬からさっぴいた一二年を与え、さらには、猿の余りの一〇年も与えた。

その結果、どうなったか。人間は、本来の寿命である最初の三〇年は健康で幸福に暮らすことができるが、次の一八年（三〇代から四〇代後半）は、まるでロバのように働きづめに働き、毎日打たれ、せかされて過ごす。次の一二年（四〇代後半から六〇代）は、もともと犬のものなので、ただ炉端に座ってぶつぶつ不平を言ったり、うなったりして過ごす。そして、最後の一〇年はもともと猿のものなので、好き勝手に振る舞うようになる、というのです（アラン・B・チネン『大人のための心理童話・上』羽田詩津子訳、早川書房）。

いかがでしょう。この童話によれば三〇代、四〇代の中年期は、〝もともと、ロバから与えられたもの〟なので、荷物運搬動物として働きづめの生活が運命づけられています。そうとでも考えないと納得できない、中年期の悲哀が透けて見えるようです。

†ブレイク・ワイフ

夫たちがまるでロバのような働きづめの生活を余儀なくされ、家庭を顧みなくなる時、妻たちの心では、何かが静かに壊れ始めます。新興住宅地に閉じ込められた専業主婦たちにこの現象は顕著なようで、石川結貴著『ブレイク・ワイフ』（扶桑社）は同じ妻の視点から、この、外からは見えにくい現象をていねいに見つめています。この本に登場する美紀という女性の言葉が、専業主婦の心情を端的に語ってくれています。「ひとりの部屋でボゥーッとしてると、胸の中に何かがガツンとくるんです。誰か別の（場所にいる）人と話がしたい。名前だけでも呼ばれてみたい。……誰かのママとか奥さんとかっていう立場の私への話じゃなくて、立場なんて関係ないただの私への言葉が欲しくなるんです。……もちろん夫は毎日帰ってきてくれますよ。だけどとにかく遅い。コンピューター関係の会社ですけど、深夜帰宅ばかりです。その上イライラして、不機嫌さがいっぱいという雰囲気なんですね。ご飯を食べる口はあるんだけど、話をする口はないという感じです。私が『ねえ聞いて、今日ね……』と話し始めると、『あー、もう。おまえと話すと疲れるよ』とか、『くだらなくて、めんどうくさくて、ぜいたくな悩みだな』と言われて、もう会話はそこで切れちゃう。二、三度そういうことがあると、これ以上夫には（会話を）求められないなあって、しみじみあきらめるんですよ」

「誰かのママとか奥さんとかっていう立場の私への話じゃなくて、ただの私への言葉が欲しい」――多くの専業主婦たちの、潜在的な願望なのではないでしょうか。『ブレイク・ワイフ』には、こうした妻たちが、誰かから「やさしい言葉をかけてもらうため」にフリーダイヤルのテレフォンサービスに電話をして、ついでに欲しくもない買い物をしてしまったりする様子が書かれています。テレクラや伝言ダイヤルに電話をかけて孤独を癒す妻、夫の知らないところで不倫をする妻、いきなりブチ切れて夫に暴力をふるう妻、突然離婚を切り出す妻、泣き続ける子どもを窓から放り出してしまいそうな妻……。

そこで報告される〝危うい妻〟は、家事や育児を放り出して、ショッピングやコンサートに出かける〝わがままな妻〟ではありません。〝危うい妻〟は、むしろごく当たり前に家事や育児をこなし、何不自由なく暮らしている顔をしているのです。ですから、そんな妻たちが危うい精神状態にあるなどとは、男たちにはまったく思いもよらない。しかし、そんな彼女たちこそ、こころに空虚さを抱え、焦り、イラ立ち、不安に駆られて、スレスレのところで踏みとどまっているのです。

夫たちはそれに気づかず、専業主婦の生活の表面的な〝気楽さ〟に目を奪われて、彼女たちの生活の〝報われなさ〟に由来する不安や苛立ちを受け止めようとはしません。逆に「部屋はきれいにして当たり前」「よい子を育てて当たり前」という姿勢を取りつづけ、「もう妻なんだから」「もう母親なんだから」などと言い、妻をひとりの女として、ひとりの人間として見ない傾向が強い。そして、そこから生まれる妻の愚痴や不満も〝くだらない悩み〟として切り捨てて、〝危うい妻〟をますます追い込んでしまっている。いずれ、妻の〝危うさ〟が具体化する〝その日〟が近づきつつあることも知らずに……。

†妻も夫も〝報われなさ〟を抱えて

これまで見てきたように、夫たちの危うさと妻たちの危うさは、表裏一体の関係にあります。新興住宅地に閉じ込められた専業主婦たちの「さみしい」「むなしい」「やりきれない」といった訴えを「くだらない悩みだ」と切り捨て、「妻だろう」「母親だろう」と役割を押しつける夫の心理の裏側には、会社でも家でも「役割」遂行ばかりに忠実であることを求められている夫たちの事情がかかわっています。夫の側も「役割」を果たすために自分のうちなる声を押し殺している。それがゆえに、妻にも自分を押し殺すことを求めてしまう。そんな、悪循環が潜んでいることがわかります。自分を生きていない人は、他者が自分を生きるのを許せない。自分を生きようとしている人を「わがまま」と断定して、自分を抑圧することを要求するのです。その結果、妻も夫も、心のうちに〝報われなさ〟を抱え、募らせていきます。

私がおこなっている自分発見ワークショップのワークの一つに、「自分が最も癒される言葉、こころが動く言葉を見つける」というのがあります。そこで、最も多くの人が選ぶのが、「あなたは、ほんとうに頑張っていますね。私は、知っていますよ。誰も言葉にして言ってくれないけれど、あなたはほんとうに頑張っています」という言葉。この言葉をほかの人から言ってもらって自分のこころの動きを味わうのですが、涙する方も少なくありません。

「私は、こんなに頑張っているのに、こんなに我慢しているのに、誰も認めてくれない。

ほめてくれない。なんて報われないんだろう」――そんな気持ちを妻も夫も募らせています。妻も夫もパートナーに求めているのは、「もっと大切にされたい」「もっと報われたい」「ひとりの人間として、ふれあいがほしい」という、たったひとつの願いなのです。

「私だけ、しあわせになっては申し訳ない」と思う娘たち

自分が満たされない毎日を送っているから、妻がしあわせになるのを許せない。自分を押し殺しているから、妻が自分らしく生きるのを認められない……そんな「さみしい夫」は、あえて言えば、家庭の中の〝不幸の連鎖〟の要のような存在。子どもの生き方にも影響を及ぼさずにはいません。私がそれを実感するのは、「自分がしあわせになるのに、罪の意識を感じる」という若い女性たちの訴えを聞く時です。

ある二〇代後半の女性は、いくらプロポーズをされても、結婚に踏み切ることができません。相手の男性が気に入らないからではない。母親のことが心配だからだ、と言います。「父は、いつも不満な顔をして、母にあたってばかりいるんです。お酒を飲んで暴れることもあります。『ああ、この人のために、私の人生は犠牲になったんだ』そんな母の顔をみていると、母をこの家に置いて、私ひとり幸せになってはいけないのではないか。そんな気持ちになってしまうんです」

先日、あるテレビ番組で女子高生がこんなことを語っていました。「私の両親は、私が小さい時から、ずーっと仲が悪いんです。小学生くらいの頃から私は、『もう離婚すればいいいんだ。そんなにお互い嫌いなら、どうして離婚しないいんだろう』そんなふうに考えていました。でも、ある時ふと気がついたんです。『そうだ。私がいるから離婚できないんだ。私がいなければいいいんだ』って」。その後彼女は、数度にわたり自殺未遂を繰り返したといいます。

こんな夫婦は、きっぱりと離婚したほうが、子どもたちのためでもあると私は思います。では、なぜ離婚しないのでしょうか。もちろん、経済的な事情ですとか、世間の目ですとか、いろいろな要因が絡んでのことでしょう。

しかし、私の見聞するところでは、こうしたケースの多くで「自分が不幸だから、家族も不幸の道連れに」と、意識的にか無意識的にか望んでいる父親の存在が大きいのです。そして、その父親に多大な迷惑をかけられ、「この人のせいで私の人生は台無しになった」などと思いながら、「でも、私がいなければ、この人はもっとダメになる」と父親の言いなりになることで、結果的に父親がさらにダメになるのを手助けしてしまっている母親がいる。そしてさらに、その不幸な母親を見て、「私がいなくなれば、母があまりに可哀そうだから」と、自分の幸福を断念して母親の側にいようとする娘がいる……というわけで、これはまさに家庭内の〝不幸の連鎖〟。周囲にも責任があるにせよ、やはり問題の中心は、父親であることに変わりありません。

†家庭を顧みない父親

「まだ寝てる　帰ってきたらもう寝てる」――これは、某メーカー主催の川柳大賞の受賞作品です。子どもが寝ている間に家を出て会社に行き、帰宅すると子どもはもう寝ている。そんな、どこにでもいる父親の悲哀をうたった句です。

そして、そんな父親が家族に対して心がけていることとして最も多いのは、ある調査によれば、「子どものテスト結果や成績を知る」こと（四八％）だというのですから、何ともさみしい限り（くもん子ども研究所による調査、二〇〇一年）。

毎日帰宅しているのに、子どもの顔を見るのは週末だけ。直接会話する時間もなく、子どものことで一番関心があるのは成績やテストの結果。挙句の果てに、子どもたちから相手にされなくなってくる。そんな「さみしい父親」の姿が浮かんできます。しかし、こうした現状は、当然、子育てに影響せざるをえません。ある調査によれば、「子育てで悩みがある」と答えた家庭は、一四年前（平成元年）には約五割（四七％）であったのに対し、昨年（平成一三年）では約六割（五八％）。実に、三人に二人の親が子育てで悩んでいるわけで、子育てがいかに難しい時代になってきたかがわかります。

それればかりではありません。ある調査によれば、育児に積極的に取り組んだ夫とそうでない夫とでは、妻が夫を魅力的な男性と思うかどうかに大きな違いが出る、というのです。子どもが小さい頃に、育児に積極的に取り組んだ夫のばあい、その一〇年後に妻が魅力的な男性だと思っていた割合は七六・四％であったのに対し、あまり育児に積極的でなかった夫のばあい、魅力的な男性だと思っていた割合は五一・九％しかなかったのです。

子育てで問われるのは、まさに夫婦での協力関係。そこでつまずくことが、夫婦関係そのものをさらに悪化させるケースが少なくないのです。

†不登校、シャイマン・シンドロームと母子関係

スクールカウンセラーをしている私のもとに、最も多く相談に来られる子育ての悩みに不登校があります。この不登校の問題を〝母原病〟とか〝母子癒着〟の観点から理解しようとする人もいます。一口に不登校といっても、その実態は実にさまざまであり、母子関係からのみ理解しようとするのは一面的にすぎますが、たしかに、母親と子どもとがあまりに密着しすぎていて子どもの自立と成長を妨げ、それが不登校の遠因になっている場合があるのも事実です。そういったケースの多くでは、父親の存在があまりに希薄で、それ

が母子密着に拍車をかけているのは間違いありませんが、カウンセリングの場にしばしぶ登場する父親の多くが「不登校は母子関係に問題があるそうだ。第一、子育てはお前にすべて任せてきたのだから、お前が悪い」などと言って、妻を責めはじめます。

こちらからすれば、父親のそうした態度こそが妻を子どもとの閉鎖的な関係に追いやってきたのであり、「母親任せにしてきたからこそ、あなたに責任がある」とでも言いたくなるのですが、父親の多くはこの点にまったく無自覚です。

父親が実質的に不在で、母子が密着しているばあいの子どもに対する影響は、不登校ばかりではありません。過度に「シャイ」で女性とコミュニケーションできなかったり、女性と親密な関係になることから「逃げ腰」になる男性の増加が、日本のみならず欧米でも問題となっています。そんな、女性との関係からひいてしまう男性を「シャイマン」と言います。興味深いのは、ギルマーティンという研究者のおこなった、シャイマンの育てられ方に関する調査。非シャイマンと比べてシャイマンの母親は、養育時に社会経験がないケースが多いという指摘をしています。子どもの育児期に母親が家庭にいた割合は、若いシャイマンで五二％、中年シャイマンでは六七％にものぼるというのです。

伊藤公雄さんも、このデータを引用して、いわゆる三歳児神話などに典型的に見られるような「母親が愛情をもって子育てすべきだ」という考えの弊害を指摘しています（『男性学入門』作品社)。私もまったく同感です。心理学的には、三歳児神話、すなわち、三歳までは保育園などに任せず、あくまで実の母親が子育てに専念すべきだといった考えは否定されています。つまり、保育園に預けた子どもと、そうでない子どものその後の成長には、実質的な違いはないことが証明されているわけですが、「子育てはあくまで母親中心で」という何の根拠もない考えが日本では根強い。国立社会保障・人口問題研究所がおこなった第二回全国家庭動向調査(一九九八年)によれば、「子供が三歳くらいまでは、母親は育児に専念すべき」に「全く賛成」が五〇・七%、「どちらかと言えば賛成」が三九・四%で、合計すると実に九割を超え、「夫も家事や育児を平等に分担すべきだ」に「全く賛成」(二〇・一%)、「どちらかと言えば賛成」(五六・六%)よりも高い数値になっています。先のギルマーティンの調査が面白いのは、こうした母子密着関係の弊害が、子どもが中年期になってからかなり色濃く出てくると指摘した点です。

†「夫婦で子育て」が、母親の育児ストレスを軽減する

さまざまなデータが示すように、アメリカ、イギリス、ドイツなどの欧米の先進国と比べて、日本の父親は子どもとの接触時間がきわめて短く、学校や地域の活動への参加も消極的。子どもに問題が生じた時に学校に行ったり、子どもの相談にのるのも他国では

「両親とも」という回答が圧倒的に多いのに対し、日本では「母親のみ」が多い。逆に、子どもから見て「家族の中心は誰か」「頼りになるのは誰か」という問いに対しては、「父親」との答えが日本ではきわめて多く、その一方で、「父親のことが好きか」とたずねると「大好き」と答える割合はアメリカやドイツの約半分にも満たない。子どもから「尊敬されていると思うか」と父親にたずねた結果も著しく低い、というデータ（総務庁「日本人の父親と子供」一九八七年）が報告されています。

このように、日本の父親たちはいまだに「男は外で稼ぎ、女は家事・育児」という意識が強いのですが、私が、父親の育児参加の重要性を最も強く実感するのは、母親任せにせず「夫婦で子育て」という姿勢を示すことによって、母親の育児ストレスを軽減できることです。

読者の方も、たとえば電車の中などで、若い母親があまりに激しく子どもを叱る場面を見て「何もそこまでやらなくても」と、痛々しい気持ちになったことがおありだと思います。若い母親は、育児経験がなく、まわりにアドヴァイスしてくれる人も少ないので、子育てに自信がなく、その分、「しっかり子育てしなくては」というプレッシャーも強い。それが彼女らを厳しすぎるしつけに追い込み、場合によっては、虐待にまでつながってしまうのです。

育児の責任を母親一人に押しつけず、「夫婦で子育て」という姿勢を打ち出すことが、母親の育児ストレスやプレッシャーを軽減します。ひいては、それがのびのびした子どもを育てることにつながっていきます。私は、多忙な日本の父親が、それでも何とか時間をやりくりして育児にかかわることの最大のメリットは、子どもへの直接的影響以上に、母親のこころを安定させる点にあると思っています。母親のこころの安定は、子どものこころの安定につながっていきます。とくに幼い子どもの子育てにおいて、母親自身のこころが安定していることほど大切なことはありません。そして、母親のこころの安定にとって最も重要なのが、「私は一人ではない。父親といっしょに子育てしているのだ」という意識を持てることなのです。この点については、カウンセリング事例と、私自身の子育て体験を踏まえて、より具体的に書いた拙著がありますので、是非そちらをお読みください(『カウンセラー・パパの子育て論』)。

もちろん、母親の育児ストレスを支えうるのは、父親だけではありません。保育園の一時預かり制度などを充実させて、「社会で子育て」という姿勢を強くすることも重要です。『父性の復権』『母性の復権』(共に中公新書)などで知られる林道義さんは、保育園をつくって女性が働ける社会にするのではなく、「乳幼児の母親は働かなくていい社会」をつくるべきだと言っていますが、私は反対です。もちろん、働きたくない母親まで働く必要はない。育児休暇などももっと長期間にわたって取れるようにするべきでしょう。

しかし、最近の自立志向の強い女性は、社会とのかかわりを持たずにいると焦燥感と孤立感に襲われ、それが育児ストレスにつながる場合も少なくありません。そう考えると、「乳幼児の母親も働きたい分だけ安心して働ける社会」をこそ目指すべきで、そのためにはまだまだ保育園などを整備していくことが必要です。小学校入学後の学童保育制度の充実も急務です。

しかし、こうした社会による育児支援の制度がいくら整っても、父親のサポートによる母親のこころの安定に代わるものには、なりえません。

第5章　コミュニケーションできない男

†「夫が死んだら、どうするか」

一年ぐらい前だったでしょうか。作家の吉永みち子さんがＮＨＫのインタビューに答えて、こんなことを言われていたのを覚えています。

「女は、四〇代も半ばをすぎると、近くの友人同士のネットワークをつくり、集まっては老後のことを話し合い始めるんです。夫が死んだらその後どうしようかって……」

実際、平均寿命も女性のほうが長く、夫のほうが先立つ可能性は高いのですから、こんな話になるのもわからないではありません。しかし、夫たちが懸命に働いている最中に、妻たちがレストランに集まって、「夫が死んだ後、何をするか」を話し合っているとは。男とは、つくづくさみしい生き物だ、とため息をつかずにはおれません。

実際、吉永さんのこのインタビューは、私の周囲ではかなり反響を呼びました。このインタビューがテレビで流れた翌日、私は、埼玉のあるカウンセリングの学習会に講師として招かれていました。参加者の大半が四〇代半ばの女性とあってか、昼食をとりながらこの話題になると、後は話題沸騰！　私も、何人かの方にたずねてみました。

「ほんとうに、あんなことって話すんですか？　六〇歳になってだったらわかるけど、まだ四〇代のうちに？」

驚いたのは、全員の答えがＹＥＳ！　ある女性は三つ下の妹と「お互い一人になったらいっしょに暮らそう」と約束しあっているといいます。女って、ここまで現実的な生き物だったのか!!

吉永さん自身は、誰かといっしょに暮らすことは考えていません（どんなに仲のいい人とでも、いっしょに暮らし始めると関係が悪くなることがしばしばあるから、だそうです。賢明！）。いろんなタイプ、いろんな年齢の友人を近くにつくっておくことで、孤独な老後を生き抜いていこうとされているようです。

一方、男たちは老後についてどんな意識でいるのでしょう。「妻が先立った後は……」などと考えている人はそう多くなく、ましてやそんなことを友人と話し合っている人はほとんどいないでしょう。「現役時代は忙しくて、妻とまともに旅行もしなかった。老後は妻とゆっくり……」などと考えているのが関の山ではないでしょうか。

†妻の心が夫から離れるにつれ、夫は妻に依存する

しかし、夫のほうがそんなふうにして「妻との関係の充実」を先送りしている間に、肝心の妻の心はすっかり夫から離れ、「夫ぬきの老後」をあれこれイメージしているのです。

興味深いデータがあります。少し前の調査ですが、「老後に大切なものは？」と問うたところ、「良好な夫婦関係を保つこと」と答えたのは、三〇代では男一八・五％、女二〇・七％と女性のほうが少し多かったのが、四〇代になると男性のほうが二二・八％と少し伸びたのに対して、女性は一六・五％とはやくも減少し始めて両者は逆転します。五〇代になるとこの傾向はさらに強くなり、男性のほうが二三・二％とさらに少し伸びたのに対して女性は一二・一％とまた減少し、六〇代になると男性二五・八％に対して女性は一〇・〇％と両者の開きは決定的になるのです（総務庁『長寿社会における男女別の意識の傾向に関する調査報告』一九八九年）。また、ある旅行会社の調査によれば、「定年後、海外旅行に行くとしたら、誰と行くか」という問いに、男性の七割近くが「妻」と答えたのに対し、女性の七割以上が「同性の友人」と答えています（『男性学入門』）。

つまり、夫のほうは年齢を重ねるにつれて妻の大切さをますます実感するようになるのに対し、妻のほうは、年齢があがるにつれて、ますます夫を頼りにしなくなる。というよ

り、見切りを付けはじめるのです。

そもそも男たちには、仕事を離れて個人的なことをあれこれ話す友人は、それほどいないのではないでしょうか。最近の調査によれば、腹を割ってつきあえる友人として「職場の同僚・仕事仲間」をあげたのは五年前の前回調査では三二％だったのが、今回は二四％に減少。これは、「高校までの友人」「大学時代の友人」について三番目で、「そういう関係の人はいない」に○を付けた人も六人に一人はいたといいますから、さみしい限りです（くもん子ども研究所による調査、二〇〇一年）。

現役時代は会社という傘の下、引退すれば妻という傘の下に入ればいい、という意識が何となく見え隠れしますが、「仕事以外の人間関係」「仕事以外のネットワーク」をどれだけ持っているかが、これからは大切になるのではないでしょうか。自分の人生について、あれこれ話し、考える仲間がいるからこそ、女たちのほうが男たちより夫婦関係に依存的でなく、自立して生きることが可能になるのです。妻側から突然切り出す「定年離婚」が増えているのも、妻のほうにはこのようなネットワークがあるからこそ可能になることなのでしょう。

先日、取材で西新宿にある結婚相談所を訪れました。聞けば、六〇代でも七〇代でも離婚などが原因で独身になった女性は、次のパートナーを探しに相談に来ることが少なくないのに、離婚された六〇代の男性は、ダメージをひきずり続けて、次のパートナーを探す元気など残されていないのが実状とのこと。妻を失った高齢男性のダメージは計り知れないほど大きいのです。

これは離婚のみならず、死別の場合も同様です。配偶者に先立たれた、六〇歳以上の男女の平均余命に関するある調査によれば、女性のほうは約一五年であるのに対し、夫の側は何とわずか三年未満（！）だと言われています（『男性学入門』）。

男にとって、何と切なくさみしい現実であることか……。

†夫在宅ストレス症候群

このように、もうとっくに「夫離れ」を果たし、夫の死後のことまで考えてネットワークを広げている妻と、妻へ依存したままの夫。両者の間に問題が生じてきて当然です。

これまでも、停年後に暇になったからだをもてあまし妻にまとわりつく夫は「濡れ落葉」と呼ばれたり外出しようとする妻に「ワシも……」といってつきまとうことから「ワシも族」と呼ばれたりして、揶揄されてきました。最近は、定年後の夫が家にいることで妻の側に生じるストレスから来る病を〝夫在宅ストレス症候群〟というそうです。

清水博子『夫は定年　妻はストレス』（青木書店）は、かつて夫が外で働いていた時には気軽に外出できていた妻が、停年後、夫が家にいるようになると気を遣わざるをえなくなり、「自分」が失われたように感じてストレスをためていく〝夫在宅ストレス症候群〟の妻たちのカウンセリングの様子を綴った本です。

その中に出てくる夫、A氏の言葉。「俺は本当によく働いた。(中略)どんなに苦しくとも、お前たちのためにと頑張ってきた。休暇もほとんど取ったこともなかった。実によく働いた。おかげで年金でなんとか暮らしていける。家のローンももうない。まるまる俺のものだ。定年になったら、ゆっくりと休むことにする。好きな音楽でも聞いて、たまにはゴルフにも出かけたり、年に二、三度はお前と温泉旅行にでも出かけることにして……。ああ、俺はやるべきことはやった。これから、余生を自由に暮らすぞ」

A氏の妻は、最初はこんな言葉を「そうですね」と聞いていることができたのですが、だんだんと苛立ち始めます。「妻のためにがんばった」「家も俺のもの」「女房と温泉旅行」……じゃあ、あなたは私と子どもがいたから働いたのですか。仕事をしたのは私たちのためなんですか。三七年もの長い間、生活費のためだけに会社を辞めなかったのですか。家だって、あなたの名義に違いないけど、中身は私が中心につくったのよ。この家のことは一切私がしてきたではありませんか……そういった、やり場のない怒りがこみ上げてきた、というのです。そして、この言葉を口にすることができず、こころのうちにためているうち、不眠などのストレス症状を呈してカウンセリングを受け始めたのです。

妻のストレスの問題はここでは置いて、「俺は本当によく働いた……」と口にせざるをえない夫の気持ちに焦点を当てましょう。すると、そんなふうにでも話していないと精神の安定を維持できない、定年前後の男性のやるせない気持ちが浮かび上がってきます。

私の友人に、夫婦のふれあいセミナーなどの講師をやっている、ある女性カウンセラーがいます。彼女によれば、そうした類のセミナーは、かつては圧倒的に女性の参加者が多かったのが、最近は男性、特に五〇代半ばから六〇代くらいの、いわゆる定年前後の男性参加者が増えている、といいます。この女性カウンセラーが気掛かりなのは、セミナーの男性参加者の大半が、自分の存在に価値を感じられなくなっていることです。彼らは「すでに金を稼ぐ能力がなくなった自分に、自分自身で、家庭での存在価値を感じることができない。だから居心地が悪くて仕方がない」とこぼすらしいのです。

それまで何十年も必死で働き続けてきたのだ、そんなに自分を追い詰めなくても、と思いますが、現実はそうはいかない様子。結婚式などでよく「お父さまは、悠々自適の生活を送っておられます」などと紹介されますが、熟年男性のこころのうちは、「悠々自適」どころではなさそうです。先のA氏の「俺は本当に働いた……」といった言葉も、これまでの人生をひたすら仕事に捧げてきた彼が、定年による価値下落から自分を守ろうとする心の防衛によるものだと考えていいでしょう。

†男性のコミュニケーション能力の低さ

では、こうした夫婦間のズレは何によるものなのか。原因は多様ですし、一概に夫のせいにばかりはできませんが、その決して少なくない割合は夫の側のコミュニケーション能力の低さ、貧困さにあると言っていいと思います。

たとえば、〝夫在宅ストレス症候群〟で取り上げたA氏の妻の次の言葉。「主人は、自分に反対できない会社の若い女子社員と、にこにこ話を聞いてくれる居酒屋のおかみとしか話をしたことがない人なんです」。これまで多くの男性が、女性に依存し、甘え、対等の相手としてきちんとコミュニケーションをしてこなかった問題が透けて見えてきます。

ある調査によれば、都市部での夫婦のコミュニケーションのスタイルを分析したところ、「沈黙」が最も多く、三六・四%。「妻だけ会話」が三二・四%、「対話」が二一・七%で、「夫だけ会話」が八・五%。地方だと「対話」が三割ぐらいに増える、といいます(ニッセイ基礎研究所『日本の家族はどう変わったか』一九九四年)。ふたりとも沈黙しているか、妻だけがしゃべっている時間がほとんどで、対話になっている時間は約二割、というのは、何だか気味が悪い気がしますが、これが現実なのでしょう。

そもそも、なぜ日本の男性のコミュニケーション能力は、これほどまでに低いのでしょうか。「男は黙って……」というように、日本の伝統的な男性モデルが無口で感情を表出しないものであること。「夫婦は一心同体」であって、「だまっていても分かり合えるもの」だという考えが根強いこと(「話してくれないと、気持ちなんて、わからないわよ!」という女性の叫びが聞こえてきそうです)。女の子は幼いころから家事の手伝いなどをさせられるが、男はひたすら甘やかされて育てられがちなこと。企業社会では指示、命令、判断などが大半で、感情の交流などは求められないこと、などがその要因として指摘されています。

少し前に爆発的にヒットしたピーズ夫妻の『話を聞かない男、地図が読めない女』(藤井留美訳、主婦の友社)によれば、パイロット、エンジニア、原子力技術者などの九九%は男性であり、言語能力が求められる教科の教師は七割以上が女性、通訳もほとんどが女性です。以前、ある人から、英会話能力が身につくためには、若いか、女性であるか、関西人であるかのいずれかでないと希望がないと言われ、どの条件にも合わない私は落胆した覚えがありますが、男性よりも女性のほうが言語能力が高いのは、脳の機能の違いやホルモン分泌の違いによるのでしょうか。

いずれにせよ、男性の、特に日本の男性のコミュニケーション能力が低いことは確かなようで、その結果、妻の側から「夫は私を一人の人間として見てくれない」「私の話を聞いてくれない。わかってくれない」「物事の経過を無視して、結果だけを判断したがる」「私を家事ロボットのように思っている」といった不平不満が漏らされることになるのです。

†冷淡な夫と依存的な夫

コミュニケーション能力の低い夫といっても、その様子はさまざまで一括りにはできません。しかし日本の男性に最も多いタイプは、次の二通りに分けられると思います。①冷淡で感情交流のない夫、②子どもっぽくて依存心が強く妻に母親役を求めてくる夫です。

①の「冷淡な夫」は、もともと、心と心のふれあいにあまり価値を見出していません。このタイプの男性は、役割をきちんと遂行することに最大の価値を見出しており、そのため妻に対しても「家事さえ、きちんとやってくれればいい」とか「家事には定年がない」などといった心ない言葉をしばしば平気で吐くことがあります。何かを相談しても「それなら、病院に行って診察してもらえば」「あそこに行けば、わかるよ」などと即座に結論を出し、すぐに指示を下す。「だいじょうぶなの」「それは、つらかったね」などといった、いたわりや思いやりの言葉をかけることは少なく、妻の側としては一人の人間として大切

にされていない、という不満が募ることになります。

一方、②の「依存的な夫」は、まるで〝大きな坊や〟。よく「うちには、大きな子どもがもう一人いるんです」などという皮肉を言う女性がいますが、それが冗談にならないほど、このタイプの夫の世話は重荷になります。家のことは何もせず、料理や食器洗いはおろか、皿を下げることすらしないので、「この人は、黙っていても、三度の食事が自然に出てくると思っているのかしら」と愚痴の一つもこぼしたくなるのです。しかし実は、依存的な夫、子どものような夫を子どものままにしているのは、愚痴をこぼしながらも世話を焼いてしまう妻であるのも事実。世話される側と世話する側のこうした関係は〝共依存〟とよばれます。「まったくうちの亭主は何もしないんだから」などと愚痴をこぼしつつ、実はそうして夫を子どものままにし、世話を焼くことで妻が自らの空虚さを満たしていることが少なくないのです。

それはともかく、比較的若い〝依存的な夫〟が、しばしば隠れ蓑として用いるのが〝理解ある夫〟の仮面。彼らはしばしば「好きにしていいよ」と妻に理解を示します。ある妻がこうもらします。「私の夫はよく、『何でもオマエの好きにやればいいさ』と言います。自分で自分のことを『俺は理解があるからな』と、自慢さえしてますからね。確かに結婚してから今まで、マンションの購入や車の買い換え、子どもの習い事、何ひとつ反対されたことなんてないですから。はじめは私を信じて全部任せてくれるんだと、うれしいくらいでした。でも違うなと、今は思っています。理解のあるふりをして私の好きにさせるというのは、要は彼が自分で考えたり、一緒になってやるのが面倒なだけ。妻を信頼してると言えば聞こえはいいけど、何もかも妻に任せるのが、本当に理解のある夫でしょうか。何かを相談したときに『好きにすれば』というのは答えになってます？　それって一種の〝逃げ〟じゃないかと思いますね」（『ブレイク・ワイフ』）

今の三〇代、四〇代の男性は、女性に対してやさしいこと、理解のあることが何より大切だとインプットされてきた世代です。この世代の女性たちが自己主張を始めたのをいいことに、自らの優柔不断さ、主体性のなさを、〝理解ある夫〟を演じることで誤魔化そうとする男たちも少なくありません。こんな男たちが一番恐れているのは、妻との人間としての対決、生身のぶつかりあいです。そして、妻のほうはそれが暗にわかってしまうから、無性にさびしくなり、やりきれなくなります。

妻が他の男性とデートすることさえ、「ああ、そう」とそのまま認めてくれる、優しくて理解のある（その実、妻との生身のぶつかりあいを避けているだけの）夫もいるようです。そして、そんな形ばかりのやさしさを演じ続ける夫にやりきれなくなった妻が爆発し、夫に皿や茶碗を投げつける。すると夫は、妻の暴力を止めることも、怒り返すこともできず、ただ呆然と立ち尽くし、「どうしちゃったの」と泣くことしかできない、というのです。これでは、妻に落胆するな、というほうが無理というものです。

そう言えば、あの有名な昔話『鶴の恩返し』の主人公からして、男は終始受け身的でした。自分を救ってくれた主人公の「与ひょう」のために、自分の羽をほとんど使い果たして布を織っていた献身的な鶴。しかし、与ひょうは約束を破って、機屋にこもって機を織っている姿を見てしまいます。鶴は、このような残酷な真似をされたにもかかわらず、何も言わずにその場を去っていきます。献身的に尽くし、すべてを許す女性（鶴）に対して、男性（与ひょう）の側は、好奇心に駆られて約束を破ってしまう。しかも、女性（鶴）が去っていっても、ただ呆然と立ち尽くすのみ。女性の生身の姿に触れると、男の側は、それに対して何もできず、ただただ圧倒され、呆然とするほかない受け身的な存在である点など、現代の男女にも通じる点が多々あります。

†男と女のグループワーク

現代の夫婦関係に最も欠けているのは、「もっと人間としてふれあいたい」という女性の側の要求に、男性がきちんと応えることではないでしょうか。

先日、ある心理学関係の勉強会でおこなった、男と女の関係を考えるグループワークでも、そのことをまざまざと実感させられました。そのグループワークは、プロセス指向心理学というユング心理学に基づく新しい心理学をベースとしたもので「ワールドワーク」と呼ばれます。「ワールドワーク」では個人の具体的な悩みというより、この世の中で生じている困難な問題をテーマとして取り上げ、それを参加者全員で共有し探究していきます。たとえば、環境問題、人種差別や男女差別の問題、同性愛者に対する差別の問題、人権問題、貧富の問題、テロや戦争の問題など、参加者が今いちばん関心のある問題を取り上げ、それについてみんなで話し合いを重ねていきます。そして、話し合いが煮詰まってきたところで、その問題にかかわるいくつかの立場(ロール)に実際に立ってみて、ロールプレイ(役割演技)をおこなう中で、当の問題の本質に迫っていくのです。その勉強会では、男と女の問題について、みんなで考えていくことになりました。

まずある四〇代後半の女性が、「だいたい、男は無神経よ。電車に乗っていても、となりの人との間もつめずに、寝たフリをしながらジッと座り込んでいたりする。その点、女はさっと詰めるわ。無神経な男と、気を遣う女。この違いがどこから生じたのか、考えてみたいわ」と挑発的に発言しました。それに対して、やはり同年代の男性が、もうまったく頭にきた、とばかり、やり返します。

男「何言ってるんだ。俺たちは仕事の激務で疲れてるんだ。電車の中くらい、俺たちの場所だと思わせてくれ」
女「そっちこそ、何言ってるのよ。仕事仕事っていうけど、私たちだって家事とか育児とかで疲れてるのよ」
男「家事だ育児だあ?! 男の仕事のたいへんさってものを、わかっちゃいないんだよ。こっちは家に着くのは深夜の二時で、また翌朝七時には家を出なきゃならないんだ。家事や育児程度と同じにされちゃかなわないね」
女「家事や育児程度ですって?! あなたにとって、家庭ってそれっぽっちのものだったんですかあ。仕事と家庭と、バランスが悪すぎはしませんか」
——何だか、夫婦ゲンカまがいの激しいやり取りがしばらく続きました。こうした役割演技を続ける中で、ポロリと本音が漏らされます。
男「俺だってさあ、やりたかないけど、仕方ないじゃないか。今、家庭なんか大事にしてると、それだけでリストラの対象にされちまうんだよ。家庭を顧みずに働くことが、家庭を守ることになる。どうしてそれをわかってくれないんだ」
女「それならそれで、きちんとそう説明してくれればいいじゃない。いつもあなた、自分のことは全然話してくれずに、ひたすら、忙しくして。それで、俺の背中を見て子どもは育つだなんて、そんなの無理よ」

男「そんなの言えないよ。家族には、弱みは見せたくないよ」
――ここで突然、子どものロールに立った参加者が登場しました。
子ども「父さん、母さん、やめてくれよ。俺、このままじゃぐれちまうぜ。父さん、とにかく、もっと家にいてよ。全然家にいないじゃないか。家にいられないなら、せめて、どうして家にいられないのか、ちゃんと説明してくれよ。つらいならつらいで、それをきちんと言葉で語ってくれよ。そうしなきゃ俺、父さんのこと、わかんねえよ!!」
女「そうよ。つらいならつらいって、弱音を吐いてよ!」
女「会社の顔を家にまで持って帰らないで! 家は家の顔、会社は会社の顔をしてよ」
男「そんなのできないよ。いろんな顔を使い分けたり、家で弱音を吐いたりなんて、それはできない!!」

†男は〝プライドの生き物〟

男と女、そして家族がテーマとなるワールドワークでは、多くの場合、男性がやり玉に挙げられます。今回もそうでした。ギリギリの線まで男性陣が追い詰められたところで、ロールプレイをいったんとめて、どんな気持ちがしたか、語ってもらいました。

男「妻役や子ども役からガンガン追い詰められ、要求されているうちに、頭にカーッと血が上っていっちゃって……。引くに引けない、ここで引いてしまったら、自分がどうになってしまう感じでした。理屈じゃないんです。妻役や子ども役の言っていることも、筋が通っているのは、わかる。けれど、あんなに要求され、文句を言われ続けたら、こっちだって、引くに引けなくなる。あそこでうなずいてしまったら、自分がダメになってしまう感じがしました」

ここに、夫婦問題の本質がよく語られています。

妻や子どもからのクレームを一方的に浴びながら、そこで引いてしまったら、自分が壊れてしまいそうな不安と恐怖が、男には、ある。だから男は、妻や子どもから糾弾されると、固まるほかなくなるのです。一方的なクレームに屈することは、どうしてもできない。それが、「プライドの生き物」である男の、疑いもない本質なのです。

このことは、(夫婦喧嘩を含めて)夫婦間のコミュニケーションにとって何より重要なポイントを示しています。つまり、どんなに真剣な対話でも、一線を越えて相手に踏み込んではいけないこと。これはもちろん、男女を問わず人間同士のコミュニケーションの基本的なルールなのですが、とくにプライドの生き物である男性が相手の場合、このことが何より重要です。一線を越えたためにプライドを傷つけられた男性は、まさに頭に血が上り、固まるほかなくなってしまう。いかなる理性的なコミュニケーションも不可能となってしまう場合があるのです。

先のワールドワークの話に戻りましょう。ワールドワークでは、それまで女性の立場に立って発言していた人が、別（男）の立場に移動して発言することも可能です。面白いのは、最初妻の立場に立って、夫側に文句を言い続けていた女性が、ふっと夫側に移動して、夫の側の気持ちを味わった後、発言した言葉です。「男って、ほんとうに不器用なのねえ。あ、でも、思い出した。私、主人の不器用なところに惚れて、結婚したんだったわ！」

男は無口なほうがいい、なんて言葉もありました。男の不器用さに女性が魅力を感じることもあります。けれど、結婚して、生活を営みはじめると、どうしても夫にクレームをつけたくなる。もっと自分を表現してほしくなる。そんな矛盾を女性の側も抱えているわけです。ですから、妻の側も、夫を一方的に非難・糾弾するのでなく、「男は、無口なほうがいい」という気持ちと、「自己表現すべきことは、きちんと言葉にして伝えてほしい」という気持ちの両方を、きちんと夫に伝えるべきでしょう。それこそが夫婦関係改善の、第一歩なのかもしれません。

†夫婦間のほんとうのコミュニケーションとは

それでは、夫婦の間の理想的なコミュニケーションとはいかなるものでしょうか。現代カウンセリングの礎を築いた人物として知られるカール・ロジャーズという人は、『結婚革命——パートナーになること』(村山正治・村山尚子訳、サイマル出版会)という本で、それを次の三点にまとめています。

●結婚は、固く動かない建物でなく、流れる川である

「私たちは死が二人を分かつまで、お互いの誓いを守ります」——ロジャーズは、このような誓約が結婚を永続的にするという考えに疑いを挟みます。そんな考えでは、二人の関係がほこりにまみれていくのを眺めるだけだ、と言うのです。それに代わってロジャーズは、パートナーシップとは契約でなく継続するプロセスであり、二人の関係のプロセスに深くかかわっていくことが真の意味での献身だと言います。二人の現在の関係が持つ変化の過程——この関係こそが二人の愛や生活を豊かにしているという認識に立って、二人でその変化の過程に働きかけていくことが重要だと考えるのです。

●肯定的であろうと否定的であろうと、自分の最も深い感情を相手と分かちあうこと

自分の中の奥深い感情に耳を傾けて、それに従って生きていけるようになると、役割期待に基づく単純な生活から離れていき、複雑にからみあった豊かなパートナーシップの方向に動いていきます。こうした建設的なプロセスのために必要なのは、たとえ否定的な感情や相手を傷つける恐れのある感情であっても——たとえば、相手のセックスに満足でき

ない、といったものであっても——、自分の中の奥深いところから聞こえてくる感情であればそれを相手と分かちあっていくこと、そしてそれに対するパートナーの反応もしっかり受け止め、理解することです。

●お互いに独立した二人の人間が、自分自身を発見し、それを分かち合うこと

豊かなパートナーシップは、二人の人間がお互いの独立性を認め、尊重するところに成立するものです。それぞれが「独立した自分自身」となることによって、結婚生活そのものが充実していくのです。

では、「独立した自分自身」になるとはどういうことか。ロジャーズは次の五つの要素から説明します。①自分自身の発見——自らの内なる感情に気づく。②自己受容——自分の内側の複雑で多様な感情を自分自身のものとして受け入れる。③仮面をとる——男らしさや力強さといった仮面や偽り、防衛から離れる。④「〜すべき」「〜が当たり前」といった社会通念に支配されず、自らの実感に従って物事を選択する。⑤二人の成長——お互いの成長を認めあい分かちあうことができる時、結婚生活そのものも成長する。

ロジャーズは、これらの条件が満たされれば、夫婦の間に、お互いを制約しない豊かなパートナーシップが実現されるはずだと考えています。

†別離も一つの選択肢である

ロジャーズが言うような真剣なコミュニケーションの結果、必ずしも夫婦円満に収まるわけではありません。場合によっては、別離という選択がなされることもありえます。逆に、自分自身との、またパートナーとの真剣な対話を回避しているからこそ、なされるべき別れがなされないまま放置される、という事態もしばしば生じるのです。

最悪のケースは次のような場合です。ある四〇代半ばの男性の話。彼には、妻のほかに愛する女性がいます。その女性にも家庭があり、結婚することはできませんが、できれば生涯、その女性を愛し続けたいと思っています。相手の女性も、彼のことが好きでした。しかし、ある時その関係が妻にバレてしまいます。毎日妻に責め続けられた彼は、もうこれ以上夫婦関係を続けても意味がないと考えて、離婚を申し出ました。それに対する妻の答えは、「離婚はかまいません。けれど、条件があります。私との同居を続けてください」

だったら離婚しなければいいのに、と多くの人は思うでしょう。私もそう思います。ここには妻の側の非常に屈折した心理が働いています。「私にもプライドがあります。離婚は認めましょう。けれどあなたが幸せになるのだけは許せない。だから、同居が条件」というわけです。これでは、妻のほうも夫のほうも幸せになれません。子どもたちも幸せになれないでしょう。「私も不幸のままでいいから、夫が幸せになるのは許したくない」――そんな復讐心に駆られる時、人は自分の周囲の誰をも不幸の渦に巻き込むのです。

日本では、冷めきって憎悪さえ生まれていても、「子どものために」と離婚を思い止まる夫婦がまだ多いようです。しかし、キッパリ別れることが、子どもにとっても最善の選択である場合は決して少なくありません。子どもが傷つくのは、両親が離婚をしたという事実によってではなく、両親が離婚をしたのは自分のせいではないか、という疑念のためであり、自分は両親から愛されるに値しない存在なのだ、という思いのためなのです。

『離婚しても子どもを幸せにする方法』（E・ベイネイデック／C・ブラウン著、高田裕子訳、日本評論社）でも述べられているように、両親が離婚した後の子どもに対しては、そっとしておくという消極的な接し方では不十分。離婚の原因は、あくまで本人たちにあり、子どものせいではない、ということを繰り返し伝える必要があります。また、多くの子どもは自己否定的な感情を持ちますから、子どもの自己肯定感を高める言葉かけも必要になります。離婚した後でも、子どもに対するこのような働きかけができるよう、夫婦間でのじゅうぶんなコミュニケーションが必要です。それはある意味では、離婚するかしないかの選択より、子どもの人生に大きな影響を与えるものなのです。

†夫婦間のエロス的関係の困難

ここで、そもそも結婚とは何かを考えてみましょう。夫婦間の愛でしょうか。もちろんそれが理想でしょうし、実際、五〇歳になっても愛を確かめあっている夫婦もそれなりにいます。しかし一般には、恋愛の情熱をそのまま数十年も維持するのは、至難の業ではないでしょうか。

とくに最近の学生たちを見ていると、恋愛の期間がすごく短い。数週間というのも当たり前で、五年も続いている、などということになると、驚嘆の声があがるほどです。つまり恋愛関係はそれほど長くは続かないのが当たり前とされているわけです。

こうした時代に、結婚した途端、その相手を何十年も愛するよう求められるのは、人によってはかなり無理のあることになります。そもそも、愛すること自体が目的であって「私たちは結婚しなくても、ずっと愛し続けます」と言えるカップルであれば、結婚式でわざわざ宣言する必要などないのではないでしょうか。おそらく結婚式とは、たまたま出会った二人が何十年も愛し続けるという、本来不自然なことを強制させるために考え出された社会装置であるにちがいありません。

夫婦間のエロス的関係を持続させるには、大変な努力を要します。もちろん、結婚当初は夫婦の大半は愛し合っているので、「私たち、このままずっと愛し合っていよう。そのためには、努力を惜しまない」と思っているものです。夫婦生活のスタート時点で、そういう気持ちがなくては、その後の二人の生活を維持するのは困難だと言わなくてはならないでしょう。難しいのは、その、結婚当初の努力を何十年も持続させることです。

ある二〇代後半の主婦は言います。

「結婚する時、主人から『俺はお前に惚れたから結婚するんだ。ずっと惚れさせていてほしい』ってプロポーズされたから、私も、できるだけ綺麗でいようと思ったんです。よくいるじゃないですか、家の中では化粧もしないし、ジャージばかりっていう主婦。ああはなりたくないな、と思ってたんです。あれじゃあ、夫に浮気するなって言うほうが無理だよなって。それで結婚して二年くらいは、家の中でもそれなりにこぎれいにしていたんですけど……。もう、だめですね。家の中でもスッピン、ジャージが当たり前、みたいな」

たしかに、家の中でもお化粧をし、きれいな服装をする、というのは疲れます。男性だって、仕事から帰ったらリラックスできる服装に着替えたいもの。「家の中でもきれいにしろって、そんなの、とんでもない。だいたい、だんなのほうはいきなりジャージなのに……。私もジャージでどこが悪いのよ」そんな主婦の方々の声が聞こえてきそうです。

けれど、私がこれまで相談を受けた事例では、セックスレスの夫婦や、エロスはもっぱら家庭の外で、という男たち（いわゆる〝男同士の話〟の中で、「セックスと仕事は、家庭に持ち込まないようにしています」と堂々とのたまう中年男は、実に多いのです）の話をうかがっていると、妻を女性として見ることができなくなったきっかけとして、「家でジャージ姿にしかならなくなった」とか、「家の中を下着姿でウロウロしているのを見て、『ああ、妻は俺を男とは見なくなったんだな。単なるお父さんになったんだな』と思いました」という方が、とても多いのです。もちろん妻に要求する限りは、夫は夫で、たとえ日曜であっても、それなりにオシャレをする必要があるでしょう。夫婦間のエロス的関係を維持するには、服装一つとっても、かなりの努力が必要とされるのです。

†〝衛星関係〟という試み

夫婦間のエロス的関係を維持するために、さまざまな試みがなされています。たとえば社会学者の宮台真司さんは、複数の夫婦間のスワッピング——といっても乱交パーティーのような激しいものではなく、別の夫婦のセックスを静かに味わうことによって新鮮な感覚を取り戻す、というダウナー系（鎮静系）のそれ——という斬新な提案をしています。

先に紹介した、カウンセリング界の大御所カール・ロジャーズも、ある意味ではそれ以上にきわどい提案をしています。ロジャーズは、夫婦それぞれが配偶者以外の異性と親密な関係を結ぶことにより、各々の充実した生活や成長が可能となり、ひいては夫婦の関係そのものの充実につながりうると指摘しているのです。そして、従来は「愛人」「不倫」などといった言葉で否定的に形容されがちであった婚外関係に「衛星関係」(satellite relationship)というユニークな名称を与えて、それを肯定的に捉え直しているのです。『結婚革命』(前掲書)の中でロジャーズは、その具体例として、次のような話を紹介しています。

ロイとシルビアは三〇代前半の夫婦。ロジャーズがこの夫婦に初めて会った時、二人が「結婚生活を含めたあらゆる対人関係を、斬新に、創造的に体験する、ほんとうの意味の今日的な試みをしている人たちだということ」を知って驚いたといいます。その時、夫のロイは若い人妻のエミリィに恋をしており、それを知ったシルビアは混乱したものの、激しい嫉妬や離婚話に発展することもなく、お互い自由に話し合うことができたといいます。そして、ロイ、シルビア、エミリィの三人で話し合いを持ち、ロイのエミリィに対する感情は双方の結婚を破滅には導かないこと、男性であれ女性であれ、時には一人の人だけでなく、他の人を愛することも自然のこととしてありうることを確認しあったのです。

七年後にロジャーズが彼らに体験手記を依頼したところ、二人の現在の関係について、次のような報告が送られてきました。ロイとシルビアは小さな町から大都市に転居し、子ども二人は学校に通い始めました。それに伴いシルビアは、自分の新しい生き方を探し始め、ロイは彼女の気持ちに耳を傾けました。ロイもまた他の女性のことも含め、自分の感情を率直にシルビアに打ち明けたといいます。二人はお互いの真実の気持ちを隠さずに話しあいながら多くの時間を過ごしたのです。

ある時、二人の関係に難問が突きつけられました。妻のシルビアがロイ以外の男性と性交渉を持ちたいと感じ始めたのです。シルビアは結婚後一〇年にしてまだ一度もオーガズムを体験したことがなかったのです。ロイもまた性的に劣等感を持っていて、二人はよく話をしましたが、セックスのことについてはあまり触れなかったといいます。シルビアは不安を感じながらも思い切って、自分のそうした気持ちをロイに打ち明けました。非難されているという感情をロイに与えないように、用心深く気を配って。ロイは傷つき、自信を喪失しましたが、結局、恐れながらもシルビアに他の男性との性交渉を許しました。この時の気持ちについてロイは次のように振り返ります。「僕にとって、自分の気持ちを何とか変えようとしてもどうしても難しかったことは、シルビアの男友達と肩を並べることでした。いつも彼らと自分を比べ、彼女を失いはしないかという不安にかられることでした。肉体的に目覚めさせられた彼女をみたり、他人によって肯定された彼女をみると、僕は彼女の性を満足させる力が足りないのを痛感しました。僕は脅え、傷つきました」

この危機を救ったのは、ロイもシルビアも二人の子どもを愛しており、一緒に生活することを強く望んでいた、ということでした。それに気づいたシルビアは、ロイとの性生活の充実に努めるようになります。「今、ときどきクライマックスが起こります。ときどき、自分たちにはとてもできないと思っていたやり方でロイと私は身体をわかち合います。私は、二人の間にはクライマックスが当然、起こるべきだと思っていました。でも起こらないのは私がそうなるようにしていなかったため——そういう気持ちを自分に起こさせなかったためです」。シルビアはなお、なぜ自分は他の男性ではなくロイとのセックスに努めなければならないのか、それは義務心からではないか、と疑問を抱きますが、次第に自分がロイとの生活を望み、それを選択したのだという考えを受け入れていきます。一方、ロイのほうも「僕が彼女のすべてでなければならない」という気持ちから自由になり、二人がお互いに強く結び付いていさえすれば「僕らはお互いに恐れることなく他人とセックスを持てるというところまで成長するだろう」と確信するようになりました。

こうして、シルビアが他の男性と性交渉を持つことによって夫婦に訪れた危機は、逆説的に、性生活を中心とした夫婦の絆を強めるという幸福な結果をもたらすことになりました。それまでは主に言葉による会話でつながっていた二人が、言葉を介さない性的な触れ合いをじゅうぶん楽しめるようになっていったのです。二人は、以前よりも夫婦で過ごす時間を大切にするようになり、テニス、キャンプ、仕事後のデート、ポルノ映画鑑賞など、さまざまな活動を積極的に楽しむようになりました。

ロイとシルビアの手記を読んでロジャーズは、アメリカ開拓民の物語を読んだ時のそれに似た感動を覚えたといいます。「開拓民が未知の領域の開拓に精魂をこめて邁進するように、彼ら二人は現代の結婚の前方にある未知の国を探索しているのである。(中略)二人は『結婚はこうあるべき』という多くの慣習的な規範を破っている。お互いがほんとうに委ね合って、新しい形の、永続的な男と女の関係を創造しようとしている」

†結婚は必要か

ロジャーズ同様、私も、ロイとシルビアの生き方に感動を覚えます。しかし同様の試みが悲惨な結果をもたらすことも、当然ありうるでしょう。否、日本のような、性の分野では依然として保守的な文化にあっては、こうした成功例に至ることのほうがむしろ稀なのではないでしょうか。こうした試みが可能となるには、夫婦間の独占欲、支配欲(嫉妬心)を二人が共に超克しなくてはなりませんが、これは容易にはなしえないことだからです。

ここで、少々視点を変えて、大胆な問いを提出したいと思います。そもそも、このようなきわどい努力を要してまで保たなくてはならない「結婚」とか「夫婦」といったものは必要なのか、という問いです。

私は、もちろん「結婚」には価値があるし、これからも続いていくと思います。一組の男女が愛し合い、子どもをつくり、家庭を築く。このことの持つ価値は、計り知れないほど大きい。しかしだからといって、幸せは、こうした形の結婚だけにあるのではありません。もっと多様な形での結婚、言い換えれば、もっと多様な男女のパートナーシップがあっていいはずです。

たまたま、この世に生まれてみたら「結婚」という制度があり、しかもそれにまつわるさまざまな慣習があって、どうやらある年齢になったら結婚するのが当たり前のようなので結婚してみたら、あれやこれやの制約やら束縛やらがあって窮屈で仕方がない。「何で結婚なんてものがあるんだ」「自分は、この時代の結婚制度とは相性が悪い」……などという、言葉にしてみたら、おそらくまともに相手にされないであろう心の叫びを自分のうちにしまいこんでいる人は、どこにでもいるはずです。

個々人の多様な欲求や人と人とのつながりの可能性を承認していく現代社会にあって、既存の婚姻制度やそれにまつわる社会規範と、自分の自然な欲求とのギャップを意識し始めている人は、ますます増えているはずです。そもそも、誰と、どのような形で人生を過ごすか、などということは、本来きわめてパーソナルなこと。それを、ある一定の枠にはめこもうとすること自体、とても不自然で、抑圧的なことです。「俺（私）のたった一度の大切な人生を、たかだか一〇〇年前にできた制度や社会規範によって拘束しないでくれ」といった心の叫びが最も強くなるのも、結婚とか家族といった領域においてでしょう。そろそろ日本の結婚や家族の制度や通念、規範そのものを、根本から疑ってみるべき時期にさしかかっているのではないでしょうか。

私は、これから数十年の間に、男女のパートナーシップを核とした結婚や家族の在り方は、相当に多様なものになっていくと考えています。その要因の一つとして、少子化とそれに伴う労働人口の減少により、女性のいっそうの社会進出が急務となることがあげられます。もちろんそれを実現させるには、育児環境の改善など、さまざまな前提条件を満たす必要がありますが、国全体の労働力不足を補うためにも、女性の社会進出は有無を言わせぬ課題となるはずです。そして、女性の社会進出が進むにつれ、女性の経済力が男性のそれとそう変わらなくなれば、婚姻制度による保護もそれほど必要でなくなってきます。

「法律婚」（届け出婚）の意味は、本来、女性や子どもを保護することにあるのでしょう。妻に夫の財産の二分の一の相続権を認めることなどは、「法律婚」による妻の保護を意味しています。「事実婚」では、何年いっしょに暮らしたとしても、法律的には妻に相続の権利はまったくありません。けれど、現在のように離婚や片親家庭が増えている状況にあっては、何らかの事情で「法律婚」の枠に収まり切らなくなった家族も少なくないはずで、現行制度はそうした家庭の女性や子どもを差別することになっています。いわゆる「婚外子」の相続格差の問題（婚外子、つまり戸籍上の配偶者の子でない子どもの財産相続は、嫡出子の二分の一と決められている。このように嫡出子か否かで相続格差が生じるのは、「法の下の平等」に反するのではないか、という問題）などが、これに当たります。

「事実婚」と「法律婚」の一番の違いは、後者のほうが経済的に優遇されている点にあります。現在の日本の税制では、「法律婚」のほうが明らかに有利なのです。私の友人にも、できれば「事実婚」のままでいたいのだけれど、経済的なメリットを考えて結婚（法律婚）することにした、というカップルが少なくありません。裏を返せば、いったん結婚届を提出し「法律婚」をしてしまうと、ほんとうは別れたくても「お金のため」「生活のため」にそれがかなわず、好きでもない人といっしょに生活をせざるをえないという人が、この国にはごまんといる、ということです。

†新しい結婚と家族のかたち

何の因果かいっしょになった一組の男女が、夫婦として、多少の不満や困難も我慢して生活を続けていく。ちょっとしたことで関係を解消するのではなくて、ともに力をあわせ苦境を乗り越えていく中で二人の関係を深めていく。そのことにはもちろん、たいへん大きな意味があります。人生の達人のような方が「夫婦というのは、お互いの努力によって長い年月をかけてつくりあげていくものだ」とおっしゃる時、私も率直に「いい話だなあ」と感動します。しかし、本音を言えばもう離婚したいのに、「お金のため」「生活のため」に我慢し、どこか人生を諦めて暮らしている多くの人にとって、結婚の教訓を説くこうしたもの言いは、成功者のお説教にしか聞こえません。

結論を申し上げると、私は、これまでの結婚や家族の意味は大いに認めるにしても、法律としての結婚制度、すなわち「戸籍」を核とした「婚姻制度」そのものには、反対なのです。というのも、現在の婚姻制度は、個々人によって多様でありうるはずの他者とのつながりに対する自然な欲求を抑圧しているからです。欧米ではどこにもない「戸籍」制度などというものは即刻廃止にし、「住民票」登録のみでよしとすべきです。税制も家をベースとするのでなく、個人ベースのものに切り換えたほうがいいでしょう。

たった一度しかない自分の人生を、誰とどう過ごすかは、あまりにも重要なことで、しかも本来きわめてパーソナルなことです。これを、法律で定められた制度や社会通念などによって左右され拘束されてしまうのは、何とも馬鹿げたことです。私の希望的予測では、こうした不自然な拘束を強いる制度（婚姻制度）は、個々人の多様な欲求を認める方向に向かいつつある社会の流れの中で、遅くとも今世紀中には自然消滅するであろうと思います。

それと同時に、結婚や夫婦、家族の形も大きく変わっていくことでしょう。具体的には、結婚はしていても住むところは別の別居婚や、週末だけ会う週末婚といった結婚の在り方を選択する人が増えてくることでしょう。実際、私が受ける相談でも、こうした形態を前提に結婚を望む三〇代の女性が少なくありません。

一生一人のパートナーと添い遂げる人がいる一方で、一生のうちに三〜五回程度、パートナーを変えていく人もたくさん出てくるでしょうし、それがごく当たり前で自然なこととして認知されるようになるはずです。法律上の結婚はしなくても子どもを産むということも、きわめて頻繁におこなわれるようになるでしょう。

現状では、こうした選択をする人はまだまだ少数派です。しかし、社会通念というものは、変わりはじめると加速度的に変わっていくもの。たとえば、一九七〇年ごろを思い出してください。今時の若者には、茶色に髪を染めるとか、高校生でセックスなんて当たり前、という風潮がありますが、ほんの三〇年前にはとんでもないことではなかったでしょうか。そう考えると、あと二〇〜三〇年もすれば、結婚やパートナーシップに関する社会通念はいっきょに変化していくのではないか、という予感がします。

夫婦別姓をめぐる昨今の議論をみていますと、家族や結婚をめぐる日本の感受性はまだ保守的なのがわかります。しかし、この問題で風穴が開くと、あとはいっきょに大きな流れが生まれてくるように感じるのです。法で定められた婚姻制度や経済的な条件、社会的な圧力に縛られることなく、自立した個々人が、みずからの一生を充実したものにするために、ほんとうにいっしょにいたい人と多様でゆるやかなつながりを持っていく——。私など、自分が生きているうちにそんな社会の出現を目の当たりにできるかもしれない、と思っただけで、ワクワクしてきます。

†男の自立の必要性

このように、家族や結婚の形が多様化し流動化していくとすれば、そこで最も大きな変化を余儀なくされるのは、男です。この本で述べてきた男たちの悩みやさみしさも、これまでの固定的な結婚制度、家族制度にべったり依存して生きてきた男たちが、それが許されなくなりつつあるがゆえに味わわなくてはいけないものかもしれません。

現代は、個人の多様な欲望が尊重され始めた時代であり、人と人との多様なつながりを認めようとする時代です。にもかかわらず、家族や結婚についての古い因習や社会通念、道徳意識は残存していますし、それに伴う社会制度も残っています。今、このはざまで、男たちも女たちも苦しんでいるのです。新しい家族の在り方、新しい結婚の在り方を模索する「産みの苦しみ」「創造の苦しみ」を味わわなくてはならない時代なのでしょう。そして、これをなしとげられるか否かは、男たちが自立できるかどうかにかかっています。

単に家事ができる、食事や洗濯ができる、というのではない、精神的な自立。特定の誰かに依存することなく、さまざまな他者との交流において自分の人生をクリエイトしていく姿勢。男たちには今、それが求められているのです。そして、そのために男たちは、仕事では会社に依存し、家庭では妻に依存し、子どものことは学校に依存して、実のところ自分は何に対しても責任を負わずに、ただ忙しく働いていさえすればあとはすべて免除、といった現状から「死と再生の苦しみ」を味わって生まれ変わらなくてはならないのです。

第6章 恋愛しない男

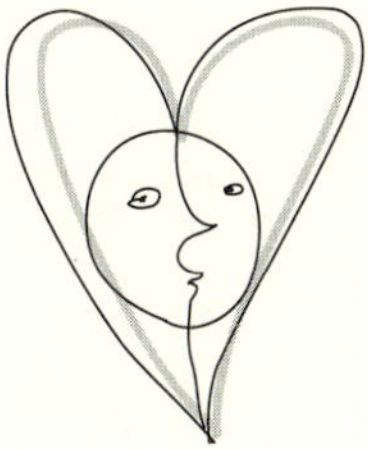

†日本の男は見限った

「いい人は多いけど、いい男はいなくなった」――そんな声を女性たちから聞くようになって、久しく経ちます。男たちから、いい男に特有の、あのエネルギーやオーラを感じることが少なくなった、というのです。

先日、ある三〇代半ばの独身女性と話す機会がありました。彼女はこれまで、何人かの日本人男性とつきあってきました。みな、やさしかったし、誠実でいい人だったといいます。しかし、どの人とつきあっても、何かが足りない気がして、結婚する気にはなれなかったようです。彼女は今、ある白人男性と交際しています。彼と交際を始めてから、日本の男とはとてもつきあう気がしなくなった、というのです。

私の友人や教え子にも、白人や黒人の男性とつきあった経験のある女性が少なくありません。彼女たちは口を揃えて、日本人男性より白人や黒人の男のほうが魅力がある、と言います。私自身、かつて、死ぬほど好きになった女性が身長一九〇センチはある黒人男性と同棲しているのを知って、打ちのめされるほどショックを受けた経験があります。何か、圧倒的な生命力の違いのようなものを感じて、引き下がったのです。

彼女たちは、いったい、日本人男性のどんな部分を指して、「日本の男は魅力がない」というのでしょうか。ここは少し、謙虚になって、彼女たちの声に耳を傾けてみましょう。

†疲れている男は、魅力がない

先の三〇代半ばの女性は、こう続けます。「日本の男はたしかにいい人なんだけど、あまりに疲れ切っています。働きすぎて、恋人や家族のために使うエネルギーは残されていないような気がするんです。もちろん私も、頭ではわかるんですよ。本来の仕事で大変なんだなって。でも、その疲れている理由が、あまりにもくだらない。本来の仕事というより、職場の人間関係とか、上司に気を遣ってとか、そんな本来どうでもいいことに悩んで、疲れてしまっているんです。もちろん、わかるんですよ、頭では。それも大切な仕事の一部だし、それはそれで大変なことなんだって。でも、だったら、それはそれとわりきって前向きな姿勢で取り組めばいいのに、たいていの男は、いつも愚痴をこぼしたり、お酒に逃げたりするのが関の山。そして、何かあるたびに『仕方ないだろ』と捨て台詞のように言う。

どこか前向きな姿勢が感じられれば魅力を感じるけれど、『仕方ないだろ』と言われると、そこに逃げ込んでいるとしか思えないんです……」

どうでしょう。何か、反論の余地はあるでしょうか。私は、彼女の指摘は大方、当たっていると思います。

私自身、仕事のことでクヨクヨ悩むこともありますが、その大半は、人間関係にかかわること。そしてたしかに、いずれも仕事の本質とはかかわりのないことばかりです。そんなことに悩んでばかりで、くどくどと愚痴をこぼしているのであれば、その男に魅力がないのは当然のこと。

彼女は、こうも言います。「日本の男は、会社、会社で、組織の一員としての表情しか持っていない人が多すぎます。喜怒哀楽もあまり表情に出さないし、みな同じような顔をしている。自分の人生を自分でつくっていこうとする姿勢があまり感じられないんです」

手厳しいけれど、当たっている気もします。

†くどけない男は、もてない

もう一つ、彼女が言うのは、日本の男には女をくどけない男が多いということ。これと同じ話を私はこれまで、何人もの女性から聞かされてきました。女をくどけない男は魅力がない、と。

その女がモテない女だから、自分が口説かれないのを男のせいにして、ぼやいているだけではないか、とツッコミをいれたくなった方もおられるかもしれません。決して、そうではありません。私にこの手の話をしてくれるのは、みんな、そこそこ、いい女。容姿もそこそこいけているし、それなりの恋愛経験もある。自分の魅力にそれなりの自信を持っている女性たちです。しかし、くどけない男がもてないというのは、考えてみれば当たり前の話です。大半の女性は、男性からほめられたい、魅力ある女性と思われたい、と思っています。そして、自分が魅力ある女性である証が、男性からほめられる、くどかれる、という行為なのです。そしてこの、くどく、という行為に関して、日本人男性は白人や黒人の男性に、一歩も二歩も遅れているのです。

日本人男性は、他国の男性に比べて恋愛のシミュレーションをあまりおこなわないという調査結果もあります。「仮想恋愛に関する国際比較」(ハーレクイン・ロマンスレポート二〇〇二)によれば、憧れの人を思い浮かべたり、パートナーとのデートや記念日の計画などを想像する「仮想恋愛」の頻度を二一カ国の男性に調べたところ、全体では「わりと頻繁に」が七五%だったのに対し、日本で一番多かったのは「たまに」の五一%。二一カ国中、最低の数字であったといいます。つまり、日本人男性は、デートの戦略をめぐらすことがきわめて少ないという結果だったのです。

あらためて説明するまでもありませんが、デートの戦略を練るとは、いかにして相手を落とすかという、非常にアグレッシブな行為です。これをしないとは、日本の男性はいまだにどこか女性に母親をだぶらせており、依存的であるということでしょうか。

一方、白人や黒人の、中でもモテル男は、とにかくやさしい。そしてマメである。気配りも行き届いているし、積極的にどんどん攻めてきます。もちろん、個人差はありますが、こんなふうにされたら、女性だって悪い気持ちはしないものです。自分の、女としての価値を認めて貰えるのだから、嬉しいと思うのが当然です。

たしかに日本の男性の大半は、私も含めてくどくのが下手だし、上手下手の前に、まずあまり口説けません。そしてその背後には、どうやら男性自身の評価不安があるようなのです。私の勤める千葉大学の男子学生にも、やはり、女性をくどいた経験がまったくない、あるいはほとんどない、という学生が少なくありません。そんな学生に対して、「どうして、くどかないの?」と質問すると、たいてい「だって、ふられるのが怖いから」という答えが返ってきます。「何となく別れそうな雰囲気になったら、こっちからふる。ふられて傷つくのが怖いから」という男子学生も少なくありません。

ある調査によれば、日本の若い男性は、直接会って口説く(二七・一%)より、メールで愛を伝える（三〇・二％）ほうが多いというから、何をかいわんや、です。直接会って口説き、断られる時の、あの微妙な間合いを回避したいのでしょうか。

要するに、日本の男たちは、男としての、特に女性に対する男としての自分に自信がなくなっています。だから、ふられるのが怖くて、女を口説けなくなっているのです。

†本気で惚れたら、迷わず、口説け！

もし、男としての自分に自信があるのであれば、一人二人の女性にふられたところで、それほど傷つくものではありません。自分のこころの真ん中は、ビクともしない。だから、ふられることを恐れずに、口説くことができるのです。

もちろん、一生に一人か二人しか現れない、運命の出会いを感じる特別な女性が相手であれば、誰だってビビるものです。告白するのに、ものすごい決心がいることでしょう。しかしそれでも、自分に自信を持っている男であれば、口説くことができます。私など、「本気で惚れさせてくれた女を口説かないなんて、その女性に失礼じゃないか」とさえ思います。

今、日本の男たちは自信がないので、一度や二度の失恋で、ものすごくプライドが傷ついてしまう。だから、自分から告白できないし、告白するとしても、相手がＯＫしてくれそうな無難な相手にしか告白できない。

敢えてここは命令口調で言わせてもらいますが、若い男たちに、私はこう言いたい。本気で惚れた女がいたら、口説け！　口説け！　目をじっと見つめて口説きまくれ！「がんがん口説かれると、たとえあまりタイプでなくても、かなり好印象を持ってしまう」という女性の話をきいたこともあります（もちろん、タイプでない男にがんがん来られると、ひいてしまう女性もいますが）。口説き下手の日本の男に囲まれて、女性たちは、口説かれることに欠乏感を感じているのかもしれません。女性たちは少なからず、男性の視線を気にして自分の美しさに磨きをかけています。そしてそんな女性にとって、自分の美の価値をたしかめる最も確かなチャンスの一つが、男性からの求愛のメッセージなのです。

もし、口説いてふられても、それでいいではありませんか。本気で惚れた女を、本気で口説けたという経験が、自分の自信になることでしょう。第一（これは大切なことなのでくりかえしますが）、本気で惚れているのに、その惚れさせてくれた女性に、気持ちを伝えないままですます、というのは、相手に対して失礼です。惚れた女性に、その気持ちを伝えるのは、男としての務めでもあるでしょう。ただし、それでだめだったら、潔く諦めること。あまりしつこいと嫌われるだけだし、下手をすれば、ストーカー扱いされてしまいかねませんから。

何だか、恋愛指南講座みたいになってしまいました。しかし、一般的に言って、男としての自分に自信がないという方の多くは、異性関係もうまくいっていない場合が多いのです。そして、それが克服されたときに、自分に自信が持てるようになることが多い。

たとえば不登校やひきこもりの男性も、現実の女性に受け入れられる経験を持つことで、いっきょに自信を獲得し、社会復帰できることが少なくありません。もっとも、彼らの多くは過度に理想化された女性イメージを抱いており、現実の女性はおろか、インターネットなどのバーチャルな手段を使って異性とかかわることすらなかなかできず、ますます異性関係から遠ざかってしまうのですが。

いずれにせよ人生をまじめに考え、悩んでいる男性には、異性とうまくかかわれず、苦しんでいる方が少なくありません。社会学者の山田昌弘さんによると、「もてる層ともてない層の階層分化」が生じつつあるといいます。たとえば、一九九七年出生動向調査の結果、「交際している異性がいる」と答えた男性は二三・二%で、八二年調査の一七・一%よりも伸びている一方、九二年の厚生省人口問題研究所（当時）の調査によれば、「異性の友人さえいない」と答えた男性が四七・三%。九七年出生動向調査でも「交際している異性はいない」と答えた男性が四九・八％おり、もてる層ともてない層に階層分化しつつある状況がうかがえるのです。

そんなわけで、何がもてるための条件か、私がこれまで出会った女性たちの声を代弁するつもりで、ここで紹介しておきましょう。

第一に、「自分に自信があること」。これをあげる女性が圧倒的に多い。

多くの女性は「日本の男は自分に自信がないから、魅力を感じない」とこぼすのです。それはそうでしょう。自分に自信を持っていない、自分に価値を感じていない男に、女性が価値を感じることなどできないはずです。もちろん、あまりに自惚れて、鼻持ちならない男は別ですが、いつも「俺なんて、だめ。俺なんて」とこぼしている男を好きになれ、というほうが無理というものです。

しかし、現実には「俺はだめ、俺なんて……」とこぼしてばかりいる男が少なくない。心優しき女子学生は言います。「なだめるのがたいへん。大丈夫、だめなんかじゃないよって言ってあげてるんだけど、それでもずーっと、落ち込んでるんだもん。もう、いい加減根負けしたっていうか、やってられなくなっちゃった」

心やさしき女子学生諸君へ。この手の男は、なだめたり、なぐさめたりしては、いけません。何より放っておくこと。この手の男は、甘え欲求が強くて、女の子にお母さんを求めているから、なぐさめられたりすると、ますます「俺ってだめなんだ……」と言ってくるのです。しかし、それにしても、情けない……。

日本の男は、最初はときめきのある恋愛をしていても、相手に対してじきに母親を求めるようなところがあります。何でもわかってくれる、甘えさせてくれる。なだめてくれる……。そんな期待を女性に対して抱いてしまうのです。もちろん、多少の甘えなら女性だって、かわいいと思ってくれるかもしれませんが、度が過ぎると、単なるお荷物でしかありません。

「俺ってだめなんだ……」と言い、自分のだめな部分も含めてまるごと理解してくれる女性を求めてしまう。「それでも好きよ」と言ってほしいのが、男心だったりする。私も男だから、それも、わからないではない。しかし、これは過剰な要求というもの。女性は、「女神様」ではないのですから、男たちのそんな甘ったれたゲームにつきあってなどくれません。

いっそこのこと、素直にこう言ってみてはどうでしょうか。

「みんなが俺のことをわかってくれなくても、自分だけは『俺は大丈夫』って思っていたい。そしてもう一人、お前にだけは『あなたならできる、大丈夫』って思っていてほしい」

このほうが、少なくとも、若い女性のハートはつかむことができる。母親役を演じさせられるより、「俺にとってお前は特別な存在だ。お前がいるから、俺は何とかやっていけるんだ」とストレートなメッセージを送られたほうが、女性は嬉しいにきまっています。

さて、もてるための条件のその二は、「仕事ができること」――これをあげる女性は少なくありません。学生であれば、バイトでもサークルでも、かまわない。何か一つ、自信を持って打ち込んでいるものがある人がいい、と言うのです。

そしてここが肝心なのですが、仕事ができることが先程の「自信」のバックボーンとなっているのです。仕事ができず能力もないくせに、自信ありげに振舞う男は、すぐに見破られてしまいます。しかしまた逆も真なりで、仕事ができ能力もあるくせに、変に謙遜しすぎたりオドオドしたりしていると、せっかくの能力がその人の魅力に結びつきません。「すごいですね」と言われて、「ありがとう」と素直に答えることのできる人。そんな自己肯定感というか、さわやかなナルシシズムがその人の魅力につながるのです。

ナルシシズムなんて、と、妙に道徳家ぶる必要はありません。人間誰しもナルシシズムはあるわけで、たとえば「いえいえ、私なんて、ダメです」というのも、多くの場合、屈折したナルシシズム（謙虚な自分への自己愛）の表現です。どうせなら、自分への愛をさわやかに表現するほうが、その人の魅力につながるというもの。下手に謙虚ぶると、逆に自分への強い執着心が他者に伝わってしまいます。

もちろん、傲慢は禁物です。しかし、「この人、自分の人生楽しんでいるなぁ」「この人、自分を受け入れてるなぁ」そんな雰囲気のある人に、人はひかれるものです。

そして、もてるための条件その三は、「前向きなこと」。

愚痴ばかりこぼしていない、前向きな人がいい。そんな話を、大人の女性からよく聞きます。たとえ能力があり、仕事もでき、内心自信があったとしても、いつも愚痴や不平不満ばかりこぼしている男は、モテない。しかし、この当たり前の事実に、本人はあまり気がつきません。というのも、そういう人は多くのばあい、内心「自分が正当に評価されないのは周囲が悪いからだ。周囲はもっと私を理解するべきだ」と思っているからです。

しかし、これを聞かされる身にもなってほしい。時折の愚痴なら、逆に親しみを感じることもあるでしょう。しかし、いつも不満や愚痴を聞かされては、恋も醒めるというもの。多くの場合、相手は「実は、この人、自分に自信がないから、責任を転嫁しているのでは」という気持ちになるのです。逆に、多少仕事ができなくても、残された可能性に目をむけて前向きな姿勢で取り組む姿に、多くの人は好感を持つはずです。

これまで、モテる男の条件を三つあげました。これに付け加えるとすれば、「組織の一員としてばかりではなく、自分らしい生き方ができること」「自分のこころを見つめ、それを自分の言葉で表現できること」「お互いをていねいに理解しあう、心からのコミュニケーションができること」「女性を依存する対象としてみないこと。適度に自立していること」「まめなケアができること」などをあげることができるでしょう。

要は、人間としての魅力を放つことができるようになることが、いい男になるための早道でもあるのです。中身のある女性にモテたいと思えば、自分自身の中身を磨くよりほかありません。急がば回れ、の精神で、自分を磨きましょう。

†やさしいだけの男は、もてない

モテる男の条件について語ってきましたが、実のところ私自身は、若いころ、決してモテるほうではありませんでした。というよりむしろ、悲惨な失恋の連続で、のたうちまわっていたことが多かったのが、事実です。

ですから先の「条件」は、そんな過去の自己反省から、「今だったらこうするのに」と我が青春への悔恨の念を込めて語った面があります。では、なぜ、私の恋愛は失敗に終わったのか。一言で言えば、それは、「やさしい男病」にかかっていたからです。

最近は少し違ってきたようですが、私が二〇代だった時(すなわち、八〇年代)に、「好きな男性のタイプは?」などというアンケートがあると、きまって「やさしい男」が上位を占めていました。雑誌のアンケートだけではありません。授業やサークルで知り合った女の子たちにたずねても「やさしい人がいい」という反応が多かったように思います。

モテるようになりたい、という下心でいっぱいだった私は、「そうか。ひたすら、やさしくあればいいのだ」と思い込み、女性に対してとにかく下手に出て、やさしく接し続けました。しかし、これが大きな誤り。やさしくしていればモテる、なんて考えは、大いなる勘違いで、女性から見れば頼りないことこの上なかったと思います。今も当時も、やはりモテるのは、自分をしっかり持っていて、相手をぐいぐい引っ張ることができ、その上で、やさしく、マメな男。やさしいだけでは、決してモテはしないのです。

しかも、当時は悪いことに、アッシー君、メッシー君、ミツグ君、といった言葉が流行っていたように、やさしい便利な男はとことん利用しよう、といった風潮がキャンパスに充満していた時代。私も、好きな女の子からの電話一本でお迎えに行き、食事をおごり、アルバイトで貯めたお金をプレゼントや花束代に注ぎ込んでいました。……ああ、何という無駄骨の連続。しかし、この「男はとにかく、女に尽くすもの」路線にいったんはまりこんでしまうと、なかなかそこから脱け出せないのです。

若い著者が書いた『男は虐げられている』(竹中英人著、郁朋社)という本には、当時の私と似たような経験を積んだ男の話が次々と登場します。かなり屈折した被害者意識を感じさせる本ですが、次のくだりなど、「男は尽くすもの」路線にはまった時の男の思いがかなりストレートに表現されています。

このとんでもない不平等を、男たちは、愛という呪文によって受け入れさせられてきた。「私のこと愛してるんでしょ。愛しているならこれくらいできるでしょ」というわけだ。(中略)私に言わせれば、現代の男の恋愛事情は、ダンピング合戦という気がしてならない。「何でここまでしなきゃならないのか」と思いながらも、競争相手の男が自分をダンピングして、異常に謙《ママ》って、女に尽くすから、否応なしに競争に巻き込まれる。そんな男ばっかしなものだから、女も女で、男に尽くされるのが「当たり前」だと思っているふしがある。(中略)恋愛とは、愛という宗教のもとに行われる、女による男からの搾取である。

この文章に共感した男性読者は、要注意。「男は尽くすもの」路線にハマっている可能性があります。こうした男は、自分を「被害者」の役割に閉じ込めています。内心では女性に怒りを覚えながらもそれを抑圧し、ひたすら尽くし続け、そして実は、そんな哀れな自分を愛している、というマゾヒスティックな倒錯。

真に疑うべきは「女による男からの搾取」よりもむしろ、自身の「マゾヒスティックな自己愛」のほうなのです。「ひたすら尽くす」路線にはまっている男は、言葉では「愛している」と言いながら、心のどこかで（多くは無意識のうちに）自分が捨てられるのを望んでいます。からだ全体から「捨ててくれ」というメッセージが発せられているのです。これではまるで、格闘技で、攻撃を加えながら同時に（無意識のうちに、ダウンすることを予感して）受け身をとりやすい動作をしてしまっているのと同じ。女性の側も男性のこの無意識のメッセージに誘発される形で無性に捨てたくなってくるのです。

私自身が女性への自信を回復できたのは、結局、実際に何人かの女性に受け入れてもらってからでした。もし運悪く、いつまでも女性に受け入れてもらえなかったとしたら……。ますます卑屈になり、媚を売りまくる、という悪循環に陥ってしまっていたことでしょう。我が青春への悔恨の念を込めて、あえて過去の恥をさらさせていただきました。

†傷つくのを恐れるがゆえの、短期的恋愛

カウンセラーとして大学生の恋の悩みを聴いていて気になるのは、モテるモテない以前に、そもそも恋することができない、恋にのめり込むことに不安を感じる若者が増えてい

る、ということです。その端的な現れの一つが、若者の恋愛のサイクルが極端に短くなっていること。二、三カ月を基本単位として、次々と相手が変わっていく。極端な場合、二、三週間単位で付き合ったり別れたりの恋愛ドラマが小さな集団の中で繰り返されているので、まだ三〇代の私から見ても、ちょっとついていけない感じがするほどです。

笑ってしまったのは、この件について私の質問に答えた、ある女子学生の言葉。

「だって先生、恋愛ドラマだって三カ月サイクルじゃないですか。恋の刺激って、三カ月くらいしか、続かないものなんじゃないですか」

もちろん中には、ディープな恋愛にはまり込む若者もいます。ただこのばあい、恋愛に強い刺激を求めすぎる傾向があり、男の子も女の子も自制が利かなくなり、過剰に支配し支配され、拘束し拘束されあう濃密な共依存的関係に埋没してしまうことがある。しかも、この手の関係にはまり込む若い男性に、暴力を振るう若者が少なくありません。一〇代後半から二〇代前半の男性の一部は、「キレることは、カッコイイこと」と勘違いをしているふしがあり、交際中の女性を殴ったり蹴ったりしがちなのです。

そうした関係に苦しむ女の子たちは、自分を責めるようになり、リストカットなどの自傷行為に走る者も少なくありません。しかし彼女らは、それほど苦しんでいるにもかかわらず、泥沼の関係を断ち切ることがなかなかできません。このままでは自分がダメになるとわかっていて、別れ話を切り出すところまでは行っても、ついズルズルと引きずって、共依存的な関係を続けてしまいがちなのです。

一方、圧倒的多数の若者たちは、逆に、決して相手に深入りしないライト感覚の恋愛を好む傾向があるようです。その背後にあるのは、自分が傷つくことに対する恐れ。そのため、どんな恋愛にもはまれず、いずれ別れることを前提とした軽いノリの恋愛を繰り返していくのです。

先日も、私のゼミのある容姿端麗な女子学生が相談に来ました。

「私は、どんなことにもハマれないんです。趣味も勉強も遊びも。恋愛もそう。今の彼氏はルックスもいいし、性格も価値観も合う。特にこれと言って文句があるわけではありません。でも〝この人でなきゃ〟とは思えないんです。前の彼氏もそう。つきあい始めた時から、いずれ別れる、ということを前提としている……。今までつきあってきた人たちに魅力がないわけではありません。ただ、私はそういう恋愛しかできない。そういう恋愛しかしたことがないんです」

こうした心理から、いわゆる遊び人タイプではない、ごくごく普通の若い男女が、恋愛相手をきわめて短期間の間に変えていくようになった。一～二週間というのも珍しくなく、仲間の交際が半年でも続こうものなら、「えっ、半年も続いてんの！　ずいぶん長いじゃん」というわけで、大学や予備校、高校の教師の多くが若者たちの交際期間の短さに驚いています。

かつて恋愛は、「この人でなくては」という恋愛相手の交換不可能性をその本質としていました。しかし、いまや若者にとって恋愛相手は、「いつか誰かに変わるであろう交換可能な相手」にすぎません。いや、彼ら彼女らにしても、どこか手応えのなさを感じていて、本心では「この人でなくては」と思える交際相手と関係をディープに深めていくことを望んではいる。けれど、そうなると、相手から捨てられて自分が傷つくのが、こわい。だから、「捨てられるのでは」という予感がすると、自分のほうから別れを切り出し、別の人を探すのです。しかも今の若者たちは、恋人を替えることに後ろめたさというよりはむしろ、自分の人生の〝薄さ〟とそれゆえの〝むなしさ〟を感じているようなのです。

恋愛に限ったことではありません。若者たちは、何事にもハマれない、としばしば嘆きます。「自分が何をすべきかわからない」そう言い、別れることを前提に恋愛相手を見つけるのと同じように、いずれ辞めることを前提に就職先も見つけるのです。

要は、人生の特定の可能性や関係性に自己限定しないし、できないのです。

仕事が忙しすぎて恋に注ぐエネルギーすら残っていない男たち。自分に自信が持てず、ふられて傷つくのを恐れるがゆえに相手を口説けず、口説けたとしても、深い関係にはまらないようにする男たち。そんな男たちの姿をみてきました。

しかし考えてみれば、女性を口説けずに悩むのも、浅い関係しか持てないことに物足りなさを感じるのも、そもそも「恋愛しなくてはならない」という価値観に縛られているがゆえのことが多い。もし「恋愛なんか、しなくてもいい」と開き直ることができれば、もう恋の悩みを抱える必要もなくなるのです。

†「恋愛教」からの脱却

このことを、現代の「恋愛教」からの脱却、という観点から説くのが、『もてない男』（ちくま新書）の著者小谷野敦さん。小谷野さんが言うには、「恋愛教」こそ、誰もが推奨する現代最強の宗教。たしかに映画もドラマもマンガも歌謡曲も、すべて恋愛がらみのものばかり。恋、恋、恋……で、世の中はこんなに恋にうつつを抜かしている人ばかりなのか、と錯覚に襲われるほどです。恋なんて、ほとんどしたことがないという人も、私の実感ではかなりの数にのぼるのに、そういう人々の存在は、まったく視野に入っていないかのごとくです。

小谷野さんは一九六二年生まれで私と同世代ですが、たしかにこの世代の学生時代は、ユーミンやサザンの曲に象徴される八〇年代恋愛ブームのただ中にあり、恋愛しなきゃ若者じゃない、といった空気に満ち満ちていました。私の学部時代は、先程言いましたように、かなり悲惨な失恋が続きましたので、この空気には結構つらいものがありました。クリスマス・イブなどどうにも居場所がなく、仕方ないから、彼氏のいない異性の友人とケンタッキーでも食べて何とか気を紛らわせていたのを覚えています。

小谷野さんは言います。こうした雰囲気の中で、もてない人、恋愛できない人は、人格に問題あり、とみなされがちである。しかしこれは、現代人が「恋愛教」に洗脳されている結果に他ならない。「恋愛教」では、誰にでも恋愛はでき、恋愛をしなくては人生の楽しみの半分は失われるがごとく考えられているが、これは真っ赤な嘘である、と。

小谷野さんは続けます。恋愛は、誰にでもできるものではない。むしろそれは、ある種の特殊技能を備えた人だけがおこないうる特権的な行為である。このことを忘れて、誰にでも、トレンディ・ドラマのようなつきあいができると思い込んでしまうと、それがうまくいかなかったとき、さらに幻想が膨らむ悪循環に陥ってしまう。これを回避するには、「恋愛なんてたいしたことはない」という事実を受け止め、こころのときめきを諦めることが肝心である。モテない人、恋愛下手な人よ、「恋愛教」から脱却せよ、と。

このメッセージは、多くのモテない人、恋愛下手な人から、多大な共感を得ました。私も、小谷野さんの言い分には――細かな部分には、ルサンチマンの匂いがあまりに強くて、ついていけないところもありますが――大筋、賛成です。

たしかに日本の大衆文化は、あまりに若者迎合で、若者と言えば、恋愛が一番大切なもの、と決めつけている雰囲気があります。しかし私の見るところ、いかに今時の若者と言えども、そんなに恋にばかり浮かれているわけではありません。二〇歳前後のこの時期は、一人になり、自分自身としっかり対話をしておくことが、心の成長の上で最も大切なことです。恋や友情も大切ですが、そこに逃げ込むばかりでなく、孤独に耐え、しっかり自分と向き合うことを学んでほしいと切に願います（『孤独であるためのレッスン』参照のこと）。

そしてその意味でも、「恋愛教」から多少なりとも脱却しておくことはきわめて大きな意味があると思われます。

†恋する人は「至上の可能性」を見る

先に私は、クリスマスイブの大騒ぎに象徴される「恋愛教」からの脱却を勧めました。

恋愛は、みながしているからするとか、恋人くらいいないと恥ずかしいからつくる、といった類のものではありません。したがって、「恋愛教」の圧力から解放されるのは素晴らしいことなのですが、同時にまた、恋愛には、人生のほかの体験を圧倒するような、この上ない力があることも事実。恋に深く落ちている人にとって、恋愛は、まさにそれこそが「生きる意味」であり「理由」でもあると言える力を持つものなのです。

哲学者のニーチェはかの永劫回帰説の中でこう語っています。「たった一瞬でもいい。魂がその底から打ち震える至高の瞬間を体験できたなら、他の一切がただ無意味にくり返されるのだとしても、人生のすべてを肯定できるはずだ」と。

「そのためになら、自分のすべてを失ってもかまわない」至高の可能性。「たとえ一瞬でもいい、それが私のすべてだ」と思える至高の瞬間。人間は、平板な毎日のくり返しに耐えられるものではなく、こうした「至高のもの」への憧れを心のどこかで抱き続けているもの。そして、この「至高の可能性」「絶対的な何か」の代表格が、「恋愛」なのです。

哲学者の竹田青嗣さんは、こうした恋愛の特殊性を非常にうまくつかみ、それを「恋愛の絶対感情」と呼んでいます（『恋愛論』作品社）。

恋愛の絶対感情において生じるのは、恋人の「取り換えがたさ」と自分の欲望の「この上なさ」の感覚だが、この感覚が人間に、それが単なる「大きな快楽」以上のものであること、生そのものにある絶対的な「意味」を与えるものだということを直観させる。

絶対的恋愛において恋人は、交換不可能な存在として立ち現れます。その時、彼（彼女）にとってその恋人は、まさに「この人でなければだめ」な無二の存在なのです。そして恋する人においてそれは、まさに「この上ない」感情としてやってきます。それを手にするためなら、すべてを投げ捨ててもかまわない「至高」のものとして立ち現れてくるのです。それは時として、生きることの「意味」となり「理由」にまでなっていく。

竹田さんは、恋愛の本質を「エロティシズムとプラトニズムがひとつに溶け合う希有な経験」として捉えています。エロティシズムにおいて人は、たとえば娼婦を買う場面を想定すればわかるように、美を穢し、頽落させることでそれを引きずり下ろします。一方プラトニズムにおいて人は、プラトンのイデア論に典型的に示されるように、肉体から切り離された魂において超越的なもの（真善美）に触れようとします。

絶対的恋愛は、単なるエロティシズムでもなければ、単なるプラトニズムでもない。つまり、美を穢すことで快感を味わうのでも、魂においてだけ超越的なものに触れるのでもない。そこでは、肉体を切り離すことなく超越的なものに触れ、と同時に、頽落することなく「美そのもの」をもわがものとしうる、という際立った可能性が直観されるのだ、と竹田さんは言うのです。私は、竹田さんのこの言葉ほど、恋愛の本質を端的に言い当てた言葉を、ほかに知りません。

そして、この「絶対恋愛」という際立った可能性を直観した時、恋それ自体が生きる「理由」となっていく……。恋のために破滅するなんてバカバカしい、恋なんて結局遊びにすぎないじゃないか、と思われる方もおられると思います。しかし少なくとも、私のような人間にとっては、恋愛が、そのためにならすべてを失ってもかまわないほどの絶対性、至高性をもって立ち現れるということは、間違いないのです。

†恋は、ほんとうに大切なことを思い起こさせてくれる

「恋愛教」からの脱却、そして「絶対恋愛」の素晴らしさ、という一見相矛盾することについて語ってきました。しかし両者は決して矛盾するものではありません。

自分のコンプレックスを刺激されたり周囲の恋愛ブームにのせられたりして、したくもない恋愛をする必要はないのです。そもそもそういったものが、恋愛の名に値するかどうかさえ、怪しい。むしろ、ブームに乗った恋愛こそ、恋愛を穢すものです。恋愛の絶対感情は、自分では制御できないほど、圧倒的な強さを持つもの。恋がしばしば、病や狂気にたとえられるのも、理由のないことではありません。

恋する人は、恋人の笑顔の中に、「この世を超えた可能性」(=この世のものとは思えない美しさ)を見て取ります。それは、決して幻想でも、錯覚でもない。恋する人だけが体験することのできる、特別の出来事なのです。したがって恋をすると、世界そのものが違った様相を帯びてきます。まさに、世界全体の色合いが違ってくる。世界はこれほど素晴らしいものだったのかと、世界全体を肯定したくなる方もいるにちがいありません。

その意味で、恋愛は、私たちの人生観そのものを変える力を持っています。たとえば、「私の生きがいは仕事です」と言う男性がいて、この方が、ある女性と出会い絶対恋愛を経験したとしましょう。するとその人は、「私はもう、恋のためなら、仕事を捨ててもいい」と思うかもしれません。たとえ、その人が後で「やはり、私には、仕事も大切だ」と思い直したとしても、彼にはもはや、仕事だけが生きがいとは映っていません。人生には、仕事以外にも素晴らしいことがあるのだと気づき始めるはずです。

この章のはじめに、「日本の男は、仕事が忙しすぎて恋に注ぐエネルギーすら残っていない」という話を紹介しました。しかし、恋愛は本来、人からエネルギーを奪うものではありません。仕事に追われて乾ききった私たちの心に、潤いと活力を与えてくれるもののはずです。その意味では、「仕事が忙しすぎて恋に注ぐエネルギーすら残っていない」という男性は、実は、「ほんものの恋を知らない」のかもしれません。

自信が持てず女性を口説けない男や、ふられて傷つくのを恐れる男たちも、「恋愛する力」が育っていないのかもしれません。

深く、深く、恋に落ちていくのは、誰でも怖いものです。それは、この世界とは違う世界に入っていく体験なのですから。今の自分が壊れるのを覚悟で、この世のものとは思えない強烈な力に身を任せてしまう、という体験なのですから、怖いのが普通です。

しかし、厳しい言い方ですがここではあえて、恋に怯えて腰が引けてしまっている男性たちに、こう言っておきたいと思います。心底惚れた女性ができたら、歯を食いしばってでも、告白せよ、と。「忙しいから」「疲れているから」「自信がないから」「ふられるのが怖いから」……そんな理由で、恋の世界から身を引いてしまうのは、せっかく惚れさせてくれた女性の美に対して、失礼ではないか。せっかくこの世に降りてきてくれた美の神様に対して、失礼な話ではないか。

何だかんだ言っても、私はやはり、恋愛至上主義者なのです。

†不倫こそ、純粋な愛？

と言っても、私は、ひたすら純粋な愛に突き進め、と言っているわけではありません。

恋に落ちつつも冷静に自分を見つめる目を持たなくては、文字通り狂気の世界に触れてしまいかねません。精神科医の大平健さんは、最近の〝純愛ブーム〟がこうした危険な兆候に拍車をかけているとみて、「恋はそこそこ不純なほうがいい」と警告を鳴らしています（『純愛時代』岩波新書）。

また、これとかかわる話ですが、数年前に『マディソン郡の橋』『失楽園』といった、いわゆる中年の不倫を扱った映画が立てつづけに大ヒットし、不倫こそ純愛の極み、とでもいうような風潮が出てきました。

実際、数年前まで不倫と言えば、すけべな中年男性が若い女性に手を出す、何か汚らしくて陰湿でけしからぬこと、という印象が強かった。それが最近では、「不倫といっても、中年同士の恋愛だ」「人間はいくつになっても、恋をしたいもの。結婚しているからといって、恋をしてはいけない道理はない」……さらには、「生活のために営まれる夫婦とも、また結婚という目的のために打算的におこなわれる若者の恋愛とも違って、大人同士の恋愛、つまり不倫こそ、計算ぬきの、純粋な恋愛なのだ」という声まで、聞かれるようになってきたのです。

たしかに若者の恋愛には、結婚をはじめ、将来のための打算や計算がつきもの。また、先にも述べたように、最近の若者の耐性の低さは恋愛にも影響を及ぼしており、少し難しい状況になると面倒くさくなって、放り出すような恋愛が増えています。

一方、不倫ともなれば、配偶者には嘘をつかなくてはならないし、相手の気持ちを引きつけるのにも時間やエネルギーを注がなくてはなりません。一度や二度セックスをして終わりといった一過性の「浮気」は別にして、何年もかけて相手との関係を深めていくとなると、たいへんな労力が必要。その上仕事が激務だったりすると、半端なエネルギーしか持っていない男だと途中で放り出したくなってしまいます。

作家の渡辺淳一さんによれば、大半の男は浮気予備軍であり、機会さえあれば七割から八割の男は「浮気」程度であればするはず。ほかの一割は、妻とうまくいっていて浮気をする気のない男。最後の一割は、浮気する勇気もない不能に近い男かもしれない、とのこと（『男というもの』中央公論新社）。

私の感じでは、一過性であれ、婚外恋愛をしない男はもう少し多い。特に最近の若い男性の中には、そもそも恋愛にあまり関心のない男が三人から四人に一人の割合でいるような気がします。安定した家庭を持つことには関心があっても、女性と恋をすることには関心がない。そんな感じの男は確実に増えていて、そのようなタイプの男性は、燃えるような恋にはなりにくいものの、家庭を持つと献身的だし、まず不倫はしません。

実際、ある調査によれば、既婚者のうち多少でも婚外恋愛の経験があるのは女性四八％、男性六七％（サンマーク出版調べ）。男女差が意外と小さいのですが、この調査によると、

「私は、一人の人を一生愛し続ける自信がある」と思っている男性もほぼ三人に一人の割合でいる、とのことで、渡辺さんや私の予測はほぼ当たっていたことになります。

ところで、何らかの形で婚外恋愛を経験している七割弱の男性たちには、やはりそれなりの苦難が待ち受けています。先程述べたように、継続的な不倫はたいそうエネルギーを要する行為で、たいてい長続きしません。最近私がカウンセリングをした二〇代半ばの女性が、「不倫をしている男はタフで、エネルギッシュだから素敵だ」などと言っていましたが、たしかにタフでなくてはできることではないでしょう。

「愛は続けるもの、恋は落ちるもの」という言葉を聞いたことがありますが、恋愛の本質は、意図的計画的になされるものではなく、自分の意思を超えてなされる行為であるところにあります。恋とは、むこうから「やってくるもの」である、と言っていいかもしれません。その意味では——いわゆる女遊びや一過性の「浮気」とは違って——真剣に、自分に誠実に生きている男女の、その誠実さゆえにおのずと「訪れてしまう」恋愛は、たとえそれが既婚者同士のものであっても、恋としての価値は、若者同士のそれと比べ、いささかも劣るものではありません。否、さまざまなリスクをあえて犯してまで続ける行為であるがゆえに、ある意味では、若者同士のそれよりもはるかに価値があると言うこともできるかもしれません。

ところで、なぜ男は不倫をしてしまうのか。『不倫の恋で苦しむ男たち』（WAVE出版）の著者亀田早苗さんは、不倫をする男としない男の違いは「男でいたいかそうでないかの違い」ではないか、と指摘しています。家族愛は一生続くだろうが、夫婦では男と女という雰囲気は持ちにくい。ずっといっしょに暮らしている家族に色気を感じろ、というのも、無理な話。新婚を除いては、家庭の中で「男としての魅力」を示す機会も少ない。だから「男でいたい」「男を降りたくない」という思いがある男は、不倫をするというのです。

結婚して十年、十五年という年月がたっていながら、「不倫したことはない」という少数派の男性たちに、なぜ他の女性と恋をしないのかと尋ねると、みんなただ一言、「めんどうだから」と言い切った。

だが、この一言には多くの意味がある。（中略）「家庭に波風を立てたくない」「金がない」「今さら相手にしてくれる女性がいるとも思えない」「女性と知り合って恋愛して、何が変わるんだ、何も変わらない。めんどうなことには手を出さないのが賢明」などなど、理由はさまざまだが、ここで気になるのは、すべての言葉が、「〜ない」という否定形になっていること。英雄色を好む、とは言わないが、社会の第一線にいる男としては消極的すぎないだろうか。（中略）事なかれ主義が悪いとは言いたくないが、「男を降りるのをよしとする」のはいかがなものか、と女としては思う。

なるほどな、と素直に納得。不倫をしないのは、「めんどうだから」。ここで私は、本章の冒頭で紹介した「日本の男は、疲れ切っていて、恋愛や家庭に注ぐエネルギーが残っていない」という言葉を思い出します。ほんとに疲れているのだ、日本の男は。恋をする元気すらなくなってしまうほどに。それとも、単に不精なだけなのでしょうか。

こうなると、「なぜ不倫するのか」ではなく、「なぜ不倫しないのか」と問うたほうが有効であるように思えてきます。亀田さんの知り合いで、結婚して一〇年、妻以外の女性とふたりきりで食事さえしたことがないという男性の言葉が、その答えを代弁してくれます。「だって誰かに見られて噂をたてられると、言い訳がめんどうじゃない？　ましてやつきあったりするのは考えただけでめんどうだよ。一度妻にウソをついたら、つきつづけなければいけない。俺にはそれだけの根気と緻密さがないから、下手なことをしないほうが無難っていうこと。俺、後ろめたさを抱えながら生きていくのが嫌なんだよ。妻に悪いというより、そうやってこそこそしている自分に耐えられないと思う」

亀田さんが「男を降りたのか」と尋ねると、彼は気弱に「うん」と答えたといいます。妻を愛しているからではなく、めんどうくさいから不倫をしない。その根気もないしエネルギーを使うのがイヤだから、不倫をしない。これが多くの男の本音だとすれば、もう日本の男は終わったのか、と嘆きたくなります。生き物としてのエネルギーが減退している、とでも言うほかありません。

†不倫で、生まれ変わる男たち

亀田さんのこの本が面白いのは、彼女が取材を続けていくうちに、不倫をする男たちのことが理解できるようになり、かえって不倫をしない男たちのだらしなさ、魅力のなさに批判的になっていくところにあります。

不倫をしない男たちは、その理由を「妻を愛しているからではなく、めんどうくさいから」だという。一方、不倫をする男たちは、少なくとも「男を降りていない」し、自分らしく生きるのを諦めていない。むしろ、自分の気持ちに正直に生きようとするがゆえに、妻以外の女性との恋を続けざるをえなくなっていく。彼らは決して女性を弄んでいるのではない。自分の気持ちに正直に生きようとし、妻や子どもには申し訳なく思い、相手の女性にも誠実に応えようとして苦しむ。苦しみ続ける。しかし、めんどうくさいから投げ出す、なんてことはしない。そんな男たちの声を聞いていくうちに、亀田さんは次第に、不倫する男たちの誠実さを理解していったのでしょう。

実際、不倫をした男性の多くが、それまでの理屈先行型を脱して感受性豊かになり、人間的にも成長していくようです。ある男性は「若いころの恋愛は、若さで突っ走っただけだった。好きな女性とひとつになることがこんなに素晴らしいことだなんて、生まれて始めて知りました」と言います。反面、男は恋をすると、途端にその本性を剝き出しにして、女性以上に嫉妬深くなったりもする。けれども、総合的にみると、恋をする男性のほうが人間的にも成長し、魅力が出てくる、というのです。

†現実を生きつつ、魂を生きる

とはいえ、私はもちろん、不倫を奨励しているわけではありません。不倫は、周囲の人たちを苦しめます。場合によっては、取り返しのつかない心の傷や不信感を人の心に刻んでしまうこともあります。たった一度の不倫が――肉体関係があったか否かにかかわりなく――一人の人間の人生を台無しにしてしまうことは、大いにありえることなのです。

夫の多くは、「妻の不倫をいったん知ってしまったら、絶対に許せない。やるなら、墓場までもっていってほしい」と言います。女性は多少寛容ですが、それでも大きなショックを受けることに変わりはありません。中でも、ほかの人からの噂で夫の不倫を知るのが最もつらいようで、少なからぬ女性が「他の人から（夫が浮気していると知らされるくらいなら）本人から伝えてほしい」と言います。

人を傷つける不倫は、しないですむのなら、それに越したことはありません。しかし、恋は思案の外。絶対恋愛は、自分の意思を超えて、むこうから「やってくる」ものです。場合によっては、それを失ってしまうと、生きる意味も理由もなくしてしまうほどのものになる。それは、社会道徳で切って捨てることができるものではありません。ある恋を失うことで、人は、まさに魂の死を経験し、文字通り生きる屍となって生きていかざるをえなくなるのです。この時、自分にも他人にも誠実な男であれば、「恋をとれば、下手すれば仕事を失い、家族の心に取り返しのつかない傷を与える」し、「現実（仕事や家族）をとれば、自分が生きる屍とならざるをえない」という窮地に立たされます。そこで男は、どうすべきか。現実も大切にしながら、自分の魂も生きる術はないのか。基本的には、そんなうまい方法はない、と言うほかないでしょう。それは文字通り、不可能を可能にしなくては答えが出ない類の問題です。

ユング心理学者の故秋山さと子さんは、これは遊びだという認識に徹する情事を勧めています。そこで必要なのは、たとえば一流レストランでのフルコースの食事だとか、高級ホテルのスウィートでの一夜といった、日常とは異なる異空間。「現実とは、まったくかかわりのない、ふたりだけの空間」です。お互いの生活をそこには持ち込まないのがルール。「偽りの世界であっても、ほんのひと時でも、この世ならぬ雰囲気を楽しむために、男女ふたりが協力してその世界を作るのです」(『恋愛願望』PHP文庫)。

つまりそれは、仕事や家族という「現実世界」と、恋という「異次元世界」「夢世界」を同時に生きること。二つの世界を二重写しにしながら、自由に往来できること。そんな、かなり高度で、成熟したこころを持つ男女だけに接近可能なものなのです。

第7章　セックスしない男

†セックスしない男、強引にしたがる男

私は仕事柄、性にかかわる話を異性や同性とすることが少なくありません。そんな中でわかってきたのは、同じ三〇代の男でも、少なくとも表面上は、性にかかわる姿勢の個人差がきわめて大きい、ということです。端的に言うと、仕事で疲れ切っていてセックスをする気力さえ残されていないか、そもそも性的意欲が減退してしまっている男が一方にいて、もう一方に、妻が寝ていてもやりたがる男がいる。その結果、常識的には理想とされているような性生活を送っている夫婦が、案外というか、きわめて少ないようだ、ということです。

それはたとえば、こんな体験に基づいています。

数年前、私が三〇代半ばの頃、同世代の大学教員五人で飲みにいったことがあります。そのうち二人が女性で三人が男性。大学の役職でいうと講師から助教授クラス。五人とも

所帯持ちでしたが、私以外はまだ子どもがいませんでした。話のなりゆきから、性生活の話になりました。ちょっと驚いたのは、私を除いた四人の夫婦が、いずれもセックスレスだったことです（妻のプライバシーにも関わりますので、性の問題に関しては私自身のことを語るのは一切、控えさせていただきます。ご了解のほどを）。

考えてみれば、三〇代というのは、仕事でも勝負時。夫婦ともに社会的に活躍している場合、セックスレス夫婦は、かなり多いように思います。疲れ切っていて、セックスに使うエネルギーは残されていない、ということなのでしょうか。お断りしておきますが、四人の男女はいずれも知的でルックスもなかなかのもの。世間的に言えば、「ああ、もったいない」ということになるのでしょうか。

こんな体験から私は、忙しい人間はセックスレスが当たり前、という印象を持っていたのですが、これはかなり偏った見方でした。それを実感したのは、ある地方都市で三〇代前半の女性五人とお茶した時のことです。彼女たちは、基本的には専業主婦。私がカウンセラーで安心できるということもあってか、話はなぜか、性生活の話に。かつての経験から、セックスレスの悩み相談にでもなるのかと思っていたら、そうではありません。彼女たちの悩みは、セックスに対する夫の無神経さについてだったのです。

話を聞くと、疲れて寝ているのに強引に誘ってくるらしい。中には、ほとんど愛撫もなく、性器を強引に挿入されることになり、「馬じゃないんだから」と憤っている方もいました。それで、ますますセックスが苦痛になった、と彼女らは言います。「夜になると、男はみんな同じよ。昼はやさしいのに……」とため息をつくのでした。

私は、はたと考え込んでしまいました。かたや東京、かたや地方都市という違いなのだろうか。東京の夫婦は疲れていてセックスレス、そして地方の夫婦にはエネルギーが残っている、ということなのだろうか。はたまた職業の違いなのか。かたやセックスをする意欲もない夫、かたや一方的なセックスを強要する夫……。こう並べてみると、この二つのタイプの夫は、案外どこか似ているのではないか。いずれも、セックスをあまり大切にしておらず、手抜きをしているという点で、共通しているのではないでしょうか。

これまで見てきたように、今の日本で男たちは、自分のプライドを維持するのが難しくなっています。そして、プライドを維持できなくなった男は、元気がなくなるか（→セックスレス）、家庭という密室でパートナーを力で屈服させることにより、かろうじて残ったプライドを確認しようとするか（→暴力的で一方的なセックス）、そのいずれかへの「二極化」が進んでいるのではないか、と思ったのです。こう考えると、セックスというのは男たちにとって、今の自分のあり方を確認する一つの手がかりなのかもしれません。

†性の世論調査に見る男のさみしさ

ＮＨＫは一九九九年一一月に性に関する大規模な世論調査をおこなっています。この調査は、一六歳から六九歳の男女約三六〇〇人を対象におこなわれたもので、現代日本における性の問題がきわめてストレートに表現された内容になっています。

まず、その調査結果の主たるデータを紹介すると、「パートナー（恋人や配偶者）とのセックスに満足しているか」との問いに「満足している」と答えた人は男性七九％、女性六九％。こう見ると、かなりの人が満足しているように思えますが、「セックスは快楽である」と考える人は男性四四％、女性一四％で、かなりの開きがあります。「セックスは義務である」と考える人は男性四％、女性一四％で、これまた大きな開きがあり、「妊娠したことのある女性全体のうち、中絶体験のある女性」が実に四三％（！）にものぼり、「性的な暴力などの被害にあったことのある女性」は三三％と、三人に一人（！）の割合でいます。その相手は見知らぬ人が七七％、知人が一三％、恋人四％、夫三％。「配偶者や恋人といっしょに暮らしているカップルのうち、月に一度未満しかセックスをしない」カップルは、二〇代で七％、三〇代で二二％、四〇代で一九％、二〇〜四〇代の平均では一九％いることなどが、明らかになっています。

これらのデータからも、先に示した「二極化傾向」を読み取ることができます。つまり、一方ではセックスレスカップルが増加し、他方では妻に「義務としてのセックス」を強要し、望まない妊娠への配慮もせず、性的暴力を加える、という男たちの姿が。

†セックスレスとコミュニケーション不全

ここでもう少し、セックスレスのデータを見てみましょう。

そもそもセックスレスとは何なのか。精神科医・阿部輝夫氏は次のように定義しています。

> 決まった性的パートナーがいて、単身赴任や入院などの特殊な事情が認められないにもかかわらず、カップルの合意した性交、あるいはセクシャル・コンタクト（ペッティングやオーラルセックス、裸で抱き合って寝るなど、当人同士がセックスと考えている性行為全般）が一ケ月以上なく、その後も同じ状態が長期にわたると予想される場合。
>
> （『セックスレス・カウンセリング』小学館）

「一カ月してなかったらもうセックスレス？」と思われるかもしれません。しかしこれは一般的で、先のＮＨＫの調査結果も、「配偶者及び夫のセックスが月一回未満」の人の回答を集計したものです。

では、セックスレスの夫婦はその現状に満足しているのかというと、どうやらそうでもなさそうです。先の調査結果でも、「セックスの回数を増やしたい」と思っている男性は全体で一八％なのが、セックスレスでは三九％。同じく女性では全体で九％なのが、セックスレスでは一九％と、セックスレスのほうがかなり高くなっています。また、「セックスに不満だ」と答えている男性は全体で一二％なのが、セックスレスでは二一％。同じく女性では全体で一五％なのが、セックスレスでは四三％と高くなっています。

セックスレスは、本人が「問題」と思えば「問題」になりますが、「問題」と思わなければ「問題」にならない類のもの。特に最近は、セックスレスであっても愛を確信しているカップルも増えてきており、本人たちが「セックスレスでもかまわない」というのなら、それでまったく問題はないのです。けれど現実には、それなりに「不満」を感じ、「回数を増やさなくては」と思っている人も少なくない。しかし、先の数字も、セックスレスの男性の八割は現状に満足しているとも読める、微妙な数字ではあります。

同じ調査で「セックスレスの理由」を尋ねたところ、女性の側は、「性的欲求を感じない」五一％、「セックスが苦痛」一七％、「性的快感を感じない」一六％、「セックスに関心がない」一五％。一方、男性の側は、「相手に拒絶されたから」一九％、「性的欲求を感じない」一二％、「性的機能の衰え」一一％、「セックスに関心がない」七％となっており、男女で大きな隔たりがあるのがわかります。

もう一つ重要なのが、セックスレスと夫婦間のセックスについてのコミュニケーションの問題です。「セックスについてまったく話をしない」と答えた男性は全体で六％なのに対しセックスレスでは一九％。同じく女性では全体で一二％なのがセックスレスでは四〇％と、いずれも三倍以上の開きがあります。また、セックスについて、パートナーに「理解されていないと思う」と答えた男性は全体で二四％なのがセックスレスでは四二％。同じく女性では全体で三二％なのがセックスレスでは五八％と、二倍近く開きがあります。

こう見ると、セックスレスは、性についてのコミュニケーション不全の問題であるという側面が浮かび上がってきます。どちらかが一方的に相手を責めたり、怒りを爆発させたりするのでなく、お互いが性についての自分の気持ちを率直に語りあい、理解しあおうとする関係が欠如しているときに、セックスレスは長引き、さらに別の問題を生んでいくのでしょう。とくに女性のほうに「相手に理解されていない」と思っている人が多いことから、男性が一方的にコミュニケーションを断ち切っている様子が伝わってきます。

†三〇代後半以降に急増する「人工妊娠中絶」

先にセックスレスも強引なセックス強要もコミュニケーション不全という点では同じ、と言いましたが、これを物語るのが、先のNHKの調査の人工妊娠中絶にかかわるデータです。

フランス、アメリカ、日本の出産の比較では、「望まれた出産」はフランス六六%、アメリカ四三%に対し、日本はわずか三六%。一方、「意図しない妊娠」はフランス一二%、アメリカ一九%に対し、日本は何と三六%！　この数値の高さは当然、人工妊娠中絶の多さにつながります。日本の人工妊娠中絶は年間約三三万件。「妊娠した場合の中絶の割合」を年代別にみると、一〇代は六五%、二〇代前半は三七%、二〇代後半は一二%、三〇代前半は一五%、三〇代後半は三六%、四〇代前半は七〇%、四〇代後半は八九%です。

一〇代や二〇代の中絶率の高さはまだ経験不足、ということで理解可能にしても、三〇代後半以降のこの数値は何を意味するのでしょうか。日本人の中絶問題に関する意識のあまりの低さ、だらしなさに驚く外国人は多いようです。男性がゴリ押しで「ま、いいだろ」と強要するのに対して、日本の女性は三〇代後半でも「ノー」が言えず、こういう結果をもたらすのでしょうか。ちなみに、避妊の方法として男性用コンドームを用いているのは、フランスでわずか四％、アメリカ一四％に対し、日本は七七％。フランスはピルが五九％、アメリカは不妊手術が三四％と、より確実な方法を選ぶ傾向が顕著で、望まない妊娠を避けようとする意識の高さが伝わってきます。

日本人は、性の問題に関して、もっとオープンに議論したり、会話したりする必要があるのではないでしょうか。このことだけは、確実に言えそうです。

†「セックスしなくてもいい」カップル

セックスレスの問題に戻りましょう。「モア・リポート99」には、女性の視点から見たセックスレスの実態が、リアルに示されています（小形桜子『モア・リポートの20年』集英社新書）。それによると、「現在、セックスレス」と答えたのは、独身者の二・九％、既婚者の一九・五％で、セックスレスのタイプは主に以下の四つに分類されています。

●夫が性的対象に思えない、というタイプ

ある女性は、「私にとって夫は兄弟のような愛情しか持てず、セックスする気になれません。一緒にいるだけで、安心できる存在です」と言います。セックスレスのカップルでは、このような感情を抱いている妻が多いようで、平均年齢二八・一歳の妻を対象にした別の設問では、約三割が「家族という感じで、性的な感じが持てなくなった」「男女の愛から同志愛的なものに変わった」「子どもの父親」「愛情が薄れてきた」などと結婚後、セクシャルな感覚が希薄化したことをあげています。それにしても、二〇代後半でこの現実。三〇代、四〇代は推して知るべき、ということでしょうか。

●夫の態度や言葉に傷ついてセックスレスに、というタイプ

「結婚前は結構まめだったが、結婚したとたんまぐろ状態で、私の満足など考えず、フェラチオの要求が多くなった」「一度、ゆるい、と言われたことがトラウマになってできなくなりました」「仕事のストレスと疲れでそういう気分になれなくなった時、じゃあ、フェラチオをしてくれと強要された。それが二回続いて断った時、『義務だろう』と言われ、本当に怒りで体がふるえた。自分が排泄の道具のように感じられ、それ以後、どうしても夫を受け入れることができなくなった」……女性たちの怒りの声が聞こえてきます。

●妊娠・出産がきっかけで夫がセックスレスに、というタイプ

「子どもを妊娠・出産してから皆無。夫は、私を女として見られなくなったと言い放った。それを聞いた私も、ショックと悔しさで夫を男性とは感じられなくなってしまった」

●セックスしなくてもいい、というタイプ

「結婚前から自然にしなくなりました。一緒にいられるだけで十分と思ってしまうのです。私たちはセックスがなくても愛情がある夫婦。愛情なんかなくてセックスだけの夫婦より、

幸せだと思っています」

最近、特に若い夫婦や独身のカップルには、セックスレスであることを自然体で肯定できるカップルが増えている、と言われます。「セックスなんて、すぐマンネリになるし。面倒くさいし。セックスがなくても、楽しくて愛があれば、それでいい」というのです。

ある調査によれば、二〇代後半（という、ふつうに考えれば、まだまだやりたい盛り）の男性の約三人に一人が、相手の女性からセックスを求められて断った経験があり、その理由の大半は「億劫だから」「面倒くさいから」「疲れていたから」だったそうです。中には、「面倒くささを我慢してまでする価値がセックスにあるとは思えず、だから私はオナニーしかしません」という若い男性もおり、こうした事態に直面すると、私たち大人は、生物としての衰えだと考えがちです。しかし、私は、本人たちが無理なく自然な気持ちでそう思っているならば、それでいいと思います。セックスなんてものは、ないならないで生きていけるもの。セックスに執着しすぎるほうが、よほど神経症的なのかもしれません。

もっとも、自然体のセックスレス・カップルが次第に増えている一方で、既婚女性の婚外交渉も確実に増えているようです。平均二八・一歳の時点で、既婚女性の四七・一％が「結婚後、夫以外の男性を好きになったことがある」と答えており、そのうち何と六二・四％が「その相手とセックスをした（している）」と答えているのです（『モア・リポートの

20年』)。既婚女性は、確実にセックスに積極的になっているようです。

†自己評価不安からの、セックス回避

視点を男の側に移しましょう。二〇歳前後の男たちと話をしていますと、屈託なくセックスを楽しんでいる男たちも多い一方で、セックスを避ける男たち、あるいは一応セックスをするにはしても、「そんなもの大したことじゃない」とセックスの価値を下落させ、セックスにハマるのを避けようとする男たちが少なくないのに気づきます。

なぜセックスを避けるのか、話を聞いていると、それがどうやら彼らの自己評価不安に由来していることがわかってきます。よりストレートに言えば、プライドを損なわれ傷つくのがこわいから、他者との深いかかわりを避けようとしているのです。だから、友人との衝突も回避しますし、授業の討論などでも「ぼくはこう思うんだ。でも、君はこう思うんだね」式の相対主義で、ぶつかりあおうとはしない。たまに意を決してぶつかって相手から否定されると、ブルブル震えはじめたりすることもある。恋愛でも同じで、若い男たちから聞かされるのは、「ふられそうになったら、ふる」「ふられて傷つくのがこわいから、あんまりハマらないようにしている」といった言葉ばかり。

情けないと言えば、たしかに情けない。それはセックスでも同様で、いわゆる性交は、

自分の力量が試され評価されるようで、うまくいかないと自尊心が傷つくからやりたくない。むしろ、自分は受け身で、相手の女性に口や手を使ったマッサージ（いわゆる、フェラや手コキ）をしてもらい、射精に導いてほしい。そのほうが楽で、自分が関与しないからセックスよりいい、という若い男性が増えているようです。若者の人間関係が希薄になった、とよく言われますが、性的なかかわりそのものも希薄になってきつつあるようです。

男が何歳でセックスを経験するかについても、早い時期に経験する男性が増えている一方で、初体験の遅い男性は、ますますそれが遅くなる傾向があります。若者の性が一見、オープンになっていく中、二〇代後半や三〇代の童貞率はかえって上昇しているようだと指摘されているのです。これも、自己評価不安から来ているのでしょうか。

私自身も、決して早いほうではなかったのでわかりますが、初体験の時期が遅ければ遅いほど、女性やセックスに対する幻想は膨らんでいきます。すると、ますます手が出なくなり、うまくいかなかったらどうしようという不安も強くなってくる……。そうなると、自分がモテないことへのコンプレックスばかりが肥大化していくわけです。そんなモテない男たちのコンプレックスを刺激し、俺も同類だというメッセージで癒したのが、小谷野敦さんの『もてない男』だったのでしょう。

以前であれば、こうしたモテない男たちは、たとえば風俗店に行くことで、〝男になる〟

儀式をすませたものでした。しかし最近は、個性を尊重する風潮からか、かつてほど「後れをとってはいけない」というプレッシャーがかからなくなっています。その結果、自分が童貞であることにコンプレックスを抱きつつも、風俗店に行くまでにはならず、女性の、とりわけ肉体への幻想を肥大化させながら、童貞を続けることになってしまいます。それに、そういった男たちは概してプライドが高く、風俗店に行くこと自体が彼らのプライドを傷つけるので、その意味でも、風俗店には行けないのです。

†男は、女に受け入れられてはじめて自分を受け入れる

こう考えると、プライド高き男という存在が、何と悲しく、哀れで、いとおしい存在に思えてくることでしょう。

プライドを傷つけられたくないから、家族に弱音も吐けず、孤立してしまう。

プライドを傷つけられたくないから、助けを求められず、自殺に追い込まれてしまう。

プライドを傷つけられるとまいるから、うつ状態になってしまう。

プライドを傷つけられたくないから、生身の女性と触れ合えず、触れ合っても深くかかわるのが怖いから、一方的な奉仕を求めてしまう。

そして逆説的ですが、そんな、身体も心もコチコチに硬くなってしまった男を解放する

のは、女性に文字通り身も心も丸ごと受け入れてもらう、という体験なのです。

男は、女に受け入れられることではじめて自分を受け入れられる。自分にも他人にもやさしくなれるのです。これは、体験してはじめてわかることで、逆に言えば、いくら他人から言われても、自分で体験するまではなかなか理解できることではありません。

女性に受け入れてもらうことが、男の自信と自己受容の源。どんなにいきがっても、女性の支えを欠いた男の自信は、妙にもろいところがあるものです。

†セックスなしでは、つながれない関係

高校生から二〇代前半の頃までの若い男は、私自身もそうでしたが、好みの女性を見ると、すぐに欲情してしまうところがあります。ムラムラとしてきて、そういう感情でしか、女性を見ることができなくなってしまうのです。

これはまあ、生理的な問題だから仕方がないにしても、三〇代になっても四〇代になっても、同じようにセックスばかりを求めていると、女性から嫌われて当然です。

しかし、女性の側から見ると、中年同士の恋愛であっても、男というのはセックスにばかりこだわる存在と映るようです。中年同士の恋愛がうまくいかずに悩んでいる女性の方の相談を受けたことが何度かありますが、「男っていうのはどうしてあんなにセックス、

特に射精にこだわるものなんですか」とため息をついていたのを覚えています。そして、「毎回セックスを求められると、私たちって、セックスなしでは、つながることのできない関係なんだって思えてしまう。すると何だか、むなしいというか、さみしくなってきて、会うのも嫌になってきちゃうんですよね」と言うのです。

「セックスなしでは、つながることのできない関係」。ある種の男たちにとっては、ハァ〜、とため息の出そうな言葉ではないでしょうか。たしかにそんなところもあるな、と思わずにいられない言葉だからでしょう。そして、これをむなしいと感じる女性の感覚も、とても自然で健康なものだと思います。

私は、「セックスなしでつながれる愛こそ、ほんとうの愛だ」とプラトニック・ラブを奨励しているわけではありません。また逆に、セックスなんて、たいした価値のないものだ、と言いたいのでも決してありません。

セックスは、素晴らしい。男性と女性とが一つになり、まるで一つの生き物のようになっていく体験です。愛する人と息の合ったセックスができた時など、「これはたしかに、人生で最も幸福な瞬間である」と確信できるところがあります。男と女という生き物が、一つに溶け合っていく。まさにこの、「一つに溶け合う」という感覚が、私たちに至福の瞬間をもたらすのです。

しかし残念ながら、日本人はまだまだセックス下手。男は一方的になりがちだし、女性にも、セックスをじゅうぶんに楽しんだことのない方が少なくないようです。そのような方には、ぜひもっと、セックスを存分に楽しんでいただきたい。せっかく健康なからだに生まれてきて、セックスを楽しむことのないまま人生を終えるのは、とてももったいないことだと思うのです。

今の若い人たちの多くは、〝恋愛教〟の熱心な信者になってしまい、やたらと恋愛を大切にしますが、いったん結婚して家庭を持つと、今度は一転して〝家族教〟信者となって、恋愛、ましてやセックスなど価値の低いことだと貶めてしまうところがあります。これは、ひとりの人間の生き方として、あまりにバランスが悪いような気がします。

セックスを含む恋愛が、人生全体において持つ価値を、私たちは、もっと大切に見直すべきではないか、と私は思っています。

†男がセックスにこだわる理由

セックスの魅力をじゅうぶんに楽しんできた女性が、「セックスがなければつながることのできない関係は、やはりさみしいし、むなしい。そのことにようやく気づいた」と言うことがあります。この言葉は、男女関係における男という存在そのもの、セックスにかかわる男の在り様そのものの、さみしさ、むなしさを反映しているようにも思えます。

彼女たちは、会うたびにセックスを求められるような関係が続くと、そういう関係が、「セックスがなければ、つながることのできない関係」のように思えてきて、「むなしい、さみしい」と言うのです。そして特に、「射精にこだわられると、この感覚が強くなってくる」。つまり、男たちがセックスにこだわってばかりいて、「執着」しているから、女たちは、「さみしく、むなしく」なるのです。

想像力の乏しい女性は少なからず誤解していますが、セックスや射精にこだわる男性は、欲情から、したがって肉欲から、それを求めているのではありません。もちろんそうした面も皆無とは言えませんが、多くの男性がセックスや射精にこだわるのは実は執着からであり、ではなぜそこに執着するのかと言えば、それが自我にかかわる問題だからです。

それは一つには、しばしば指摘されるように「男らしさ」へのこだわりの問題、みずからの「能力」の誇示にかかわる問題です。セックスができないとか、いったんセックスをはじめたのに射精にまで至らないというのは、男の自我を傷つける。平たく言うと、プライドにかかわる問題なのです。第二に、セックスという行為は、男と女の関係性の一部をなす行為であり、そのために男はつい、セックスの有無によって自分が女性に受け入れられているかどうかを確認しようとしてしまうのです。

男にとってセックスとは、女体の中に入ることを許される行為であり、射精とは、自分の男性性を受け止めてもらえる行為。したがって、セックスできない、射精できないということは、女性に入ることを拒まれ、受け止めてもらえない、という関係を意味しています。そのため、男は、相手の女性に受け止めてもらえていることを確認したくて、そしてそれによって安心したくて、ついセックスにこだわってしまうのです。決して、肉欲に駆られてというばかりではありません。

†ふれなくても、ふれている関係

つまり、男性の側は、実際にセックスをし射精をすることで、はじめて安心しようとする。女性の側は、毎回セックスや射精を求められることで、「セックスがなければ、つながることのできない関係」なのではないかと疑いだし、空虚感を抱きはじめてしまう。ここに男女の大きなすれ違いが存在しているのです。

そして今、「セックスがなければ、つながることのできない関係」に見切りをつけた女性たちが、「セックスがなくても、つながっていることを実感できる関係」を求め始めています。セックスをせず会話をするだけのほうが、毎回セックスをする関係よりも、深いつながりを実感でき、みずからの空虚感やさみしさを埋めることができるということに気づき、その気持ちを表現し始めたのです。

私は、この現象は、とても意味のあることだと思います。セックスは、男女の深いふれあいの一つの形である、という本来の在り方が確認される、よい機会になりうるからです。遠距離恋愛の体験のある方なら（私もあるが）、おわかりだと思いますが、実際に身体がふれあっていなくても、より強くふれあった感じのする言葉、というものが存在します。実際に抱きしめあっているよりも、より強く抱きしめあっているように感じることのできる沈黙の時間というものも、たしかに存在しています。そして、そんな体験を深く深く味わうなかで、その必然性を感じる時にだけ実際に抱きしめあい、セックスをする。そんな在り方が、とても自然で、意味のある関係のように思うのです。

けれど、そんな関係を実現するには、越えなくてはならない課題が存在します。

まず男は、肉体関係を持つことで自我の不安を解消するような幼稚なレヴェルを越えて、深いコミュニケーションによって、異性との間に深く強いつながりの感覚をつくりあげていくことができなくてはなりません。そのためには、甘い言葉かけも含んだ、さまざまなコミュニケーションのスキルを磨く必要があるし、当然ながら自制心も大切です。単に甘い言葉で女性をチヤホヤする、というのではありません。二人の間に必然的な〝つながりの感覚〟を育んでいく力が必要なのです。

一方、女は、時として肉体関係を求めがちな男性に対して、「からだばかりを求める関係になっている」と直ちに見切りをつけるのではなく、その背後に、男性特有の自我の不安を見て取ることが必要です。男は、相手のからだを求めることで、自我の不安を解消しようとしている面があることを理解する必要があります。つまり、二人が求めているもの、二人に欠けているものは、実は、深い、必然的な、つながりの感覚なのです。そしてこれを育むためには、まず、からだなしでそれを感じることのできる時間が女性には必要なのだということを、言葉にして表現する勇気が求められます。

男たちのコミュニケーション能力の不足はしばしば指摘されますが、ことセックスに関しては、女性のほうもコミュニケーション能力に長けているとは決して言えません。それが、ただでさえ口下手な男をさらに追い込んでしまっているのです。

セックスを求めてくる男に対して、ただ従うのでもなく、逆に拒絶し、プライドを傷つけ、不安をかき立てるのでもない、第三のあり方。まず「私たち二人に必要なのは何か」をていねいに語り合うような、そんな、第三の在り方が求められています。

おわりに

†日本の男はマゾか？　〝怒り〟と〝闘争心〟を取り戻せ！

ここまで書いてきて、今、私のからだには、ある種の絶望感と、やり場のない怒りのようなものがこみ上げてきています。

働くことの目標を見失い、居場所を失った男たち。職場で上司に怒鳴られ、部下にも相手にされず、なぜそこで働くのかわからなくなっても、リストラされないならまだマシと、会社にしがみつくほかない男たち。家族のために、と我慢しながら働きつつ、家に居場所はなく、妻と子どもの会話にも入っていけず、娘からは「お父さん、汚い」と毛嫌いされる。男としてのプライドを傷つけられエネルギーを失った彼らは、恋愛やセックスに溺れる元気もなく、ある男はセックスレスになり、別の男はその反動からか、妙に権威的で暴力的になる。

いったい、男たちはこれからどこへ行くのでしょう。

このままではまずい、何とかしなくては、と心密かに思いながらも、どうすればいいのかわからず、事態が悪化していると知りつつ、呆然としながら立ちすくんでいるほかない……これが、多くの男たちの現実ではないでしょうか。

このままではダメだ。悪くなる一方だと知りながら、そこから本気で脱け出そうとしないのならば、日本の男たちは、〝マゾ体質〟だと言っても過言ではないでしょう。しかしそれでは、だらしない。あまりにだらしなさすぎる……。

「いったい、どうすればいいんだ、バカヤロー!!」

……怒り。私たち日本の男に、今、最も欠けていて、何より必要なのは、〝怒り〟の感情と、それを何かに向けて叩きつける闘争心ではないでしょうか。私たち日本の男が〝さみしい男〟から脱出する道がありうるとすれば、それは、私たちのうちに眠っている怒りと闘争心とに、火をつけることではないでしょうか。

†求められる「強い男」

そうした意識が徐々に共有され始めたのでしょうか。世間では今、「強い男」「闘う男」待望論が立ち上がってきているようです。

ある大企業の社長は、年始の挨拶で「今年のテーマは、闘争心！」と明言したと聞きます。先日ある女性誌を見ていましたら、「『強い男』&『癒しの女』がなぜモテる？」の見出しが目に飛び込んでもきました（『an・an』二〇〇二年一月一六日号）。

はたまた、昨年末から年始にかけてテレビでは〝肉体系〟の番組が花盛り。視聴率の面でも「筋肉番付」「猪木軍vsK1軍」などの番組はかなりの好成績で、後者を「紅白歌合戦」にぶつけたTBSは、前年の同時間帯番組の三倍の視聴率を獲得したといいます。かつて某CX系テレビ番組で光栄にもリング上で猪木さんと闘わせていただいた体験があり、大晦日の夜も埼玉スーパーアリーナのリングサイド（『猪木軍vsK1軍』）で過ごした根っからの格闘技マニアの私としては嬉しい限りですが、これらの現象の社会的意味は？　と考えると、「強い男」「闘う男」待望論なのかなと想像します。不況が深刻化する中、日本のサバイバルのため、文字通りの生き残りをかけて、「この苦しみの時代を闘いぬける強い男」の出現が待ち望まれているのでしょう。

私も、日本の男たちは、今こそ強くあるべき、闘うべきだと思います。猪木さんのビンタではありませんが、私も、世の男たちに、そして私自身に「気合いを一発！」と思って、この本を書いたところがあります。しかし、当然のことながら、今求められている「強い男」「闘う男」は、野蛮な男のことではありません。力で女性を屈伏させ、服従させる。そんな男ではないのです。また、かつての高度成長時代の「まじめに頑張る男」に戻ればいい、という話でもありません。

これからの時代に待望される「強い男」、ポスト「脱力主義」時代の「強い男」は、「自分に正直」であることを何より大切にし、しっかりした「自分」を持った、いい意味での個人主義に徹する男。自分を大切にしているがゆえに、他者をも大切にできる。そんな「自然体のまじめさ、誠実さ」を備えた男が、「強い男」なのです。そして、そうあるためには、私が前著『孤独であるためのレッスン』で説いた、孤独である力、ひとりになり自分と向き合う力を持った男であることが求められるでしょう。

†会社を捨てよ！　家族を捨てよ！

では、どうすれば私たちは、孤独である力を獲得できるでしょう。どうすれば、怒りを取り戻し、闘い始めることができるでしょうか。多少暴言であることを承知で言えば、「会社を捨て、家族を捨てる」ことです。それにより、みずからの依存を断ち切ることです。そんなことは無理だ、会社を辞めて離婚するなんて、とても考えられない、という人もいるでしょう。私だってそうです。私たちは、多くのしがらみでがんじがらめにされ、と同時に、そのしがらみに守られることによって、生きているのです。

けれども、さしあたりは心の中だけででも、「いざとなれば、俺は、会社も辞めるし、家族も捨てる。自分一人でやっていける」――そんな気構えを持っておくことは必要です。

「もう、学校には頼らない。自分の子どもは、自分で育てる。守る」

「もう、妻には頼らない。自分の生活の面倒くらい、自分で見ることができる」

「もう、会社には頼らない。自分で何がしたいか、何ができるかを理解し、自分で自分の職業生活をマネージメントできる」


少なくとも私は、いざとなれば、そうできる気構えを持ちながら生きていたい、と思っています。そうでなければ、私たち日本の男は、いつのまにか〝お任せ〟状態になってしまい、子どものことは妻と学校に〝お任せ〟、家庭のことも妻に〝お任せ〟、おまけに自分の人生のことも会社に〝お任せ〟で、どれ一つとしてよくわからない……という、はたして誰が生きているのか、よくわからない自己喪失状況に陥ってしまうからです。

だから、もう、頼らない。自分のことは自分でしっかりする。家族を持ち、会社に入り、子どもを学校に通わせているのは、すべて、自分の人生を豊かに生きるため。そんな意識で生きていかなくては、日本の男の自立など、とうてい実現できるはずもありません。

†「危機」を「転機」に変えよ

今、男たちは、時代の変化に適応できずにいる、というのが、私の実感です。本書で主題として論じた、男たちのさみしさやむなしさ、元気のなさといったことも、この「不適応」に伴うひとつの症状として見るべきでしょう。

そして、たとえば今の学校に適応できずに自宅にこもってしまう子どもにとって、その不登校体験そのものが、新たな自分を模索するための一つの転機となりうるのと同じように、いま男たちが直面しているさまざまな困難も、それをきっかけに新たなあり方を模索する一つの「転機」となりうるはずです（ドイツ語でも「危機（Krise）」は同時に、「転機」をも意味しています。ギリシア語の「危機」の語にも、「浄化されて、清浄になる」といった意味があるようです）。

では、この「危機」を「転機」として、男たちはどこに向かうべきか。

本書では、現代というあまりに厳しい時代をサバイバルしていくために男はどうあるべきか、男たちの現状を分析し、診断した上で、そのヒントをおぼろげながらも示したつもりです。他者を抑圧することがなく、自分自身を追い詰めることもない新たな「強さ」「男らしさ」とは、どのようなものなのか。それを示したつもりです。

自分の在り方を模索する男たちにもちろん読んでほしいと思いますが、女性たちにも、ぜひ、本書を手にとってほしい、と思います。男を深く理解することが、女が深く自分を理解することにもつながると思えるからです。

時代の変化に対応できず、ただ呆然と立ち尽くすのみの男たち。しかし、どうせ立ちすくむのであれば、とことん立ちすくんだほうがいい、と私は思います。安直に出口を探すより、とことん立ちすくむこと。ただ、呆然とすること。無策で、不器用な自分を認めること。そこからしか、何も始まらないし、ほかに行き場などないのだと思います。

私も、この国で生きる男の一人として、とことん立ちすくんでやろう、と思います。そして立ちすくみながらも、自分がどうなるのか、日本の男たちの行く末はどこにあるのかを、しっかり見極めていこうではありませんか。

メッセージやご連絡のある方は、千葉大学・諸富研究室までファックスをお願いします。番号は、043-290-2561です。

謝辞　男としての私に、時にはやさしく、時には厳しくかかわってくれた多くの女性たち。とりわけ、ある時は恋人として、ある時は友人として、共に人生を歩んできた、数人の女性たち。男をめぐって展開された演習に参加し、活発に討論に加わってくれた千葉大学教育学部の学生たち。そして、このような本を出すのを（特に断ったわけでもないが）許してくれた妻・真奈美と、娘の友希に。筑摩書房編集部の山野浩一氏と石島裕之氏にも、こころより感謝申し上げたい、と思います。

ちくま新書

356

さみしい男

二〇〇二年七月二〇日　第一刷発行

著　者　諸富祥彦（もろとみ・よしひこ）
発行者　菊池明郎
発行所　株式会社筑摩書房
東京都台東区蔵前二-五-三　郵便番号一一一-八七五五
振替〇〇一六〇-八-四一二三
装幀者　間村俊一
印刷・製本　株式会社精興社
ちくま新書の定価はカバーに表示してあります。
ご注文・お問い合わせ、落丁本・乱丁本の交換は左記宛へ。
さいたま市櫛引町二-六〇四　筑摩書房サービスセンター
郵便番号三三一-八五〇七
電話〇四八-六五一-〇〇五三

ISBN4-480-05956-3 C0211

ちくま新書

116
日本人は「やさしい」のか——日本精神史入門
竹内整一
「やさしい」とはどういうことなのか？　手垢のついた「やさし」を万葉集の時代から現代に至るまで再度検証しなおし、思想的に蘇らせようと試みた渾身の一冊。

303
「野性」の哲学——生きぬく力を取り戻す
町田宗鳳
根源的な生命力を喪いつつある現代人。既成の価値観が揺らぐ今こそ、常識の檻を超えて心と体を解放しよう！　「野性」をキーワードに時代を生き抜く智慧をさぐる。

304
「できる人」はどこがちがうのか
斎藤孝
「できる人」は上達の秘訣を持っている。それはどうすれば身につけられるか。さまざまな領域の達人たちの〈技〉を探り、二一世紀を生き抜く〈三つの力〉を提案する。

344
親と子の「よのなか」科
藤原和博
三室一也
NHK、朝日新聞で話題沸騰の〝総合学習〟のための「よのなか」科が、学校での授業だけでなく親子の食卓でできるガイドブック。子供がみるみる世の中に強くなる。

186
もてない男——恋愛論を超えて
小谷野敦
これまでほとんど問題にされなかった「もてない男」の視点から、男女の関係をみつめなおす。文学作品や漫画を手がかりに、既存の恋愛論をのり超える新境地を展開。

341
「生き方探し」の勉強法
中山治
「自分の生き方」に戸惑いを感じる人が増えている。西欧直輸入の知恵でなく、日本人の気質にも合った対処法の、いつでもやりなおしがきく勉強法を展開する。

247
こういう男になりたい
勢古浩爾
父はリストラに怯え、息子はいじめで不登校。のきなみ男に元気がない。この男受難の時代に「男」である意味を洗い直し、「男らしさ」を再提示する渾身の一冊。

ちくま新書

204 こころの情報学 西垣通

情報が心を、心が情報を創る！　オートポイエーシス、動物行動学、人工知能、現象学、言語学などの広範囲な知を横断しながら、まったく新しい心の見方を提示する。

243 日本のエロティシズム 百川敬仁

日本文化に真のエロティシズムはあるのだろうか？「もののあわれ」に規定されてきた日本人の性と死を、源氏物語から近松、天皇制、三島由紀夫をとおして探る。

283 世界を肯定する哲学 保坂和志

思考することの限界を実感することで、逆説的に〈世界〉があることのリアリティが生まれる。特異な作風の小説家によって、問いつづけられた「存在とは何か」。

305 「人望」の研究 小和田哲男

「人望」とはいったい何だろうか？　リーダーシップやカリスマ、単なる人気とも違うようだ。日本史の人物にヒントを探り、さまざまな角度からその本質に迫る。

117 大人への条件 小浜逸郎

子どもから大人への境目が曖昧な今、人はどのように成長の自覚を自らの内に刻んでいくのだろうか。自分はなにものかを問い続けるすべての人におくる新・成長論。

218 パラサイト・シングルの時代 山田昌弘

三十歳を過ぎても親と同居し、レジャーに買い物に、リッチな独身生活を謳歌するパラサイト・シングルたち。そんな彼らがになう未成熟社会・日本のゆくえとは？

264 自分「プレゼン」術 藤原和博

第一印象で決まる人との出会い。印象に残る人と残らない人の違いはどこにあるのか？　他人に忘れさせない技術としてのプレゼンテーションのスタイルを提案する。

ちくま新書

348
立ち直るための心理療法
矢幡洋
トラウマ理論をぶっとばせ！　心の病から立ち直るには原因を探っても意味がない。うつ病、神経症、心身症などの特徴とそれに対応する様々な心理療法を紹介する。

217
わがまま老後のすすめ
和田秀樹
老化とは何か。それはどうすれば受け入れやすくなるか。痴呆や老化予防についての常識を見直し、豊富な臨床体験をもとに心の健康の大切さとそれを保つ方法を示す。

257
自分の頭で考える倫理
――カント・ヘーゲル・ニーチェ
笹澤豊
ホントの自由とはなにか。カント、ヘーゲル、ニーチェの思考を手がかりに、不倫や援助交際から民主主義信仰まで、困難な時代の生き方を考える新・倫理学入門。

250
無節操な日本人
中山治
自民党と社会党の連立や女子高生の「援助交際」など、日本人のこの無節操ぶりはどこからくるのだろうか？　日本人の情緒原理を分析・批判し、認知療法を試みる。

339
「わかる」とはどういうことか
――認識の脳科学
山鳥重
人はどんなときに「あ、わかった」「わけがわからない」などと感じるのか。そのとき脳では何が起こっているのだろう。認識と思考の仕組を説き明す刺激的な試み。

353
うつを生きる
芝伸太郎
律儀・几帳面・仕事熱心。平凡な良き日本人特有のこうした美風がうつ病に行き着くとしたら……。そんな私たちの生きざまを肯定しつつ、病から救い出す術を探る！

165
勉強力をつける――認識心理学からの発想
梶田正巳
勉強の仕方や技法に関する本がよく読まれている。だが本当に役に立つのだろうか？　最後のノウハウでなく、途中の内面の働きに注目し、「学び」のしくみを解明する。